Biblioteca de Filosofía del Derecho

Carlos Alarcón Cabrera
(Director)

Carlos Antonio Agurto Gonzáles
Sonia Lidia Quequejana Mamani
Benigno Choque Cuenca
(Coordinadores Generales)

JOSEF BOMMER

LEY Y LIBERTAD

Edición al cuidado de
Carlos Antonio Agurto Gonzáles
Sonia Lidia Quequejana Mamani
Benigno Choque Cuenca

Ediciones Olejnik

Título: Ley y libertad

©   Josef Bommer

Traducción de Ildiko Darvas

Huérfanos 611, Santiago - Chile
E-mail: contacto@edicionesolejnik.com
Web site: http://www.edicionesolejnik.com

Primera edición en Ediciones Olejnik: 2022

ISBN: 978-956-407-118-3

Diseño de Carátula: Ena Zuñiga
Diagramación: Luis A. Sierra Cárdenas

Impreso en Argentina   2022   Printed in Argentina

ÍNDICE

V
LA LIBERTAD DE CONCIENCIA

VI
EL CRISTIANO ADULTO EN LA IGLESIA

PRÓLOGO

Con frecuencia se reprocha a la Iglesia católica el hecho de que en ella falta la verdadera libertad. Esta crítica, aunque formulada a veces con precaución y prudencia, tiene mucho peso en una época en que los hombres, sometidos a sistemas totalitarios, nada desprecian tanto y con tanta razón como la opresión de la conciencia y la esclavitud de la mente. Estas ideas se hacen patentes en las conversaciones ecuménicas y motivan una secreta aprensión hacia el catolicismo. Para muchos cristianos no católicos de muy buena voluntad, el catolicismo es sinónimo de ley y sujeción, autoridad y disciplina, integración y unidad, y lo que de ello resulta: influencia y poder. Les parece que, en semejante «sistema», el ámbito para el ejercicio de la libertad queda muy limitado. Según ellos, la Iglesia católica parece haberse olvidado de la buena nueva de la libertad del cristiano. Defensores de esta libertad parecen ser, ante todo, las otras Iglesias cristianas no católicas.

Estas reflexiones, confirmadas por el trabajo pastoral diario y por el frecuente contacto con cristianos no[1] católicos, nos han movido a publicar una serie de conferencias dadas en la *Volkshochschule* católica de Zúrich. Como dichas conferencias se mueven en el plano de los principios y exponen el tema sobre la ley y la libertad en el catolicismo con amplitud y en términos generales, nos hemos permitido presentarlas al público casi sin modificaciones, con la esperanza de que lo que hace años consideramos bueno y justo y fue para muchos provechoso, pueda prestar también hoy algún servicio.

I

LA TENSIÓN ENTRE LEY Y LIBERTAD

En la vida del hombre abundan las tensiones y contradicciones. Así debe ser, y ello tiene su fundamento en los planes de Dios. La tensión y la antítesis han de existir. La tensión significa vida, lucha y feliz victoria. Una existencia sin estos contrastes sería aburrida, monótona. La condición previa de toda auténtica armonía es la diversidad y el contraste, que la imperfección humana a menudo concibe como hostil contradicción, cuando en el fondo son fuerzas que se complementan en su misma diversidad y que con su coherencia proporcionan la felicidad. La infinita armonía del cielo no es un silencio sepulcral, sino aquella quietud activa *(quies operata)* por la que languidecen los místicos, desde Dionisio Aeropagita; aquella maravillosa coincidencia de los contrarios *(compositio oppositorum)* que pregustamos ya en la variedad de nuestros dogmas, admirable como el lejano tañer de campanas armoniosamente afinadas. Es una armonía que culmina en la tensión más fecunda y más misteriosa que existe: en la unidad y en la trinidad del Dios uno y trino. ¿Qué sería nuestra vida, sin la tensión entre naturaleza y cultura, individuo y sociedad, Iglesia y Estado, hombre y mujer; sin el ritmo de alegría y pena, de trabajo y descanso, de deseo y satisfacción? La tensión es la que despierta las energías del hombre, que, en su actividad creadora, da forma a la faz de la tierra.

Las tensiones y antítesis se vuelven peligrosas sólo cuando los dos polos, los dos extremos opuestos, no coinciden en una unidad superior, cuando no desembocan en una armonía suprema. Ésta se consigue cuando los dos polos que originan la tensión están cargados en forma debida, cuando uno no domina al otro. En resumen, toda tensión se vuelve peligrosa cuando entre los dos polos no media la relación justa, el orden que corresponde a la realidad. Esto ocurre, por ejemplo, cuando la cultura —exteriorizándose como civilización superdesarrollada— ahoga la naturaleza, y en este caso hablamos de degeneración; cuando la sociedad absorbe al individuo, y entonces hablamos de colectivismo; cuando el Estado pretende dominar a la Iglesia, y en este caso hablamos de cesaropapismo. No negamos con ello la necesidad de tensiones y contradicciones, pero ponemos de relieve la caída, el pecado, cuya consecuencia es que las leyes de vida, en sí buenas y dispuestas por la voluntad de Dios, influyan sobre el acontecer del mundo, unas veces destruyendo y otras edificando, según el uso que de ellas hace la libertad humana. Una antítesis vital de esta índole será el objeto de los siguientes capítulos: la que existe entre *la ley y la libertad.* Son dos fuerzas fundamentales de la existencia humana que originan una tensión que no sólo penetra toda nuestra vida, sino también la existencia de los pueblos y la historia del mundo.

Consideremos la propia experiencia. Ella me da a conocer mi libertad personal, mis deseos, mis aspiraciones, mi carácter y mi evolución. A todo esto se opone una fuerza sobrehumana que proviene de Dios o de la sociedad humana, o sea del exterior, y se enfrenta con mi *libertad,* limitándola imperiosamente. A este poder le llamamos *ley.* Precisamente hoy, que la humanidad civilizada tiende cada vez más a la socialización y a la masificación, la ley y su fuerza están ganando terreno. El número de leyes aumenta y cada día experimentamos en mayor grado su fuerza cohibitiva y limitadora. De este modo se origina una tensión que nos afecta vitalmente, ya que mi libertad personal forma mi vida y la hace digna de vivirse. En efecto, la ley representa lo hecho; la vida, empero, lo que se va haciendo. A menudo la ley es sólo expresión del pasado; la vida, en cambio, es el futuro prometedor. La ley es rígida, la vida fluye; la ley es dura y severa, la vida es suave y cálida. La ley nos llega del exterior; la vida, en cambio, brota de lo más íntimo de nuestro ser; la ley es lo lejano y extraño; la vida, en cambio, es lo próximo, lo propio, nosotros mismos.

Antes de examinar detenidamente esta antítesis entre ley y libertad, y de considerar por separado los *dos miembros* de la contradicción, debemos aclarar los conceptos de ley y de libertad. Sólo así podremos ponerlos en el lugar que les corresponde y valorar debidamente la tensión que de ellos brota. O sea, empezaremos exponiendo qué entendemos por *ley* y qué entendemos por *libertad.* A continuación, trataremos de definir la *relación entre ley y libertad.*

A. La ley

Al hablar de ley no debemos pensar en medidas policíacas, ni tampoco en aquellas reglas de la convivencia que en nuestra vida social llamamos leyes y que están sujetas a cambios, pudiendo ser promulgadas en un momento dado y abolidas más tarde. Al hablar aquí de ley, pensamos ante todo en algo interior, en algo eterno. No se trata de normas convencionales, como son, por ejemplo, nuestras reglas de juego y de deporte, ni de necesidades imaginarias, como las expresadas en las normas de la moda y de la etiqueta; se trata de necesidades que brotan de la *realidad* y que no se pueden pasar por alto sin despreciar esta misma realidad. La ley es la expresión de una realidad objetiva y exige su acatamiento. Corresponde a una realidad independiente del hombre, que está ahí y que ha de ser reconocida y respetada. Por tanto, la afirmación de que *cada ley es expresión de una realidad,* es una conclusión necesaria e independiente de mí. Si quebranto la ley, entro en conflicto con la realidad, que es más fuerte que yo. De aquí proviene el carácter dominador, prepotente e inexorable de la ley, su obligatoriedad ante la que hemos de inclinarnos. Sólo de la ley como expresión de la realidad reciben su sentido las normas exteriores, las reglas en una determinada época histórica y también las medidas policíacas.

Una cosa es cierta: «Ningún legislador hubiera podido imponer a la humanidad precepto alguno si desde el principio no hubiera existido una ley en el alma de los hombres, si no tuviéramos la idea de necesidades absolutas y verdaderamente dignas de ser respetadas» (P. Lippert). Sólo de estas leyes primeras e interiores reciben las normas exteriores de nuestra convivencia su sentido, su fuerza unificadora. Por lo tanto, si queremos definir la esencia de la ley, hemos de tratar en primer lugar de estas leyes interiores y necesarias.

Cabe considerar que el hombre se encuentra inmerso en una triple realidad: la realidad *del espacio,* la realidad *de la vida* y la realidad *del espíritu.* A esta triple realidad corresponden tres grupos de leyes: las *leyes del espacio,* las *leyes de la vida* y las *leyes del espíritu*[1].

Las *leyes del espacio* actúan en el misterioso campo de fuerzas en que los cuerpos se forman y se mueven, y en que la energía del universo recorre sus interminables procesos a través de mil mutaciones. Este campo de fuerzas lo llamamos *universo;* en él rigen las leyes de la energía, de la masa y la gravedad, las leyes de los astros y los átomos. Son las leyes de la naturaleza estudiadas, calculadas y aprovechadas por la ciencia moderna, la física. Todos los adelantos de nuestra civilización, todas nuestras máquinas y aparatos, nuestras medicina y artes curativas, todo nuestro progreso técnico, se basa en estas leyes en las que se revela la realidad de la naturaleza. Son leyes *dictatoriales,* pues no está en nuestro poder reconocerlas o no. Cada catástrofe natural lo recuerda de manera impresionante. Sólo inclinándonos ante ellas y respetándolas, nos obedecen y ayudan, y sirven a nuestra vida. A nadie se le habrá ocurrido declararse autónomo ante las leyes de la gravedad o de la electricidad. Pobre del que lo intente, pues fuego y muerte despiden los cables con los que queríamos hacer de la fuerza natural un aliado nuestro.

Las *leyes de la vida* son más silenciosas y recónditas, pero tan unívocas y dictatoriales como las anteriores. Silenciosa y casi imperceptible es su acción en la diminuta célula de la vida or-

---

1 Véase, para lo que sigue, el libro todavía actual de PETER LIPPERT, *Vom Gesetz und von der Liebe,* Ars Sacra, Múnich.

gánica, en el germen que brota de la tierra, en el animal joven, en el embrión humano. Y, no obstante, estas leyes silenciosas son más sublimes que los rayos estruendosos del universo, más valiosas que el inmenso calor de nuestros soles. Todo sirve aquí a una finalidad superior: a *la vida.* Es un movimiento propio, animado, en lugar de un impulso inanimado. Son las leyes de la biología, del nacimiento y la muerte, de la alimentación y el crecimiento, leyes ante las que todo hombre se inclina naturalmente y cuya violación tiene como consecuencia la enfermedad y a menudo una cruel muerte.

Las *leyes del espíritu* forman el tercer grupo de leyes que conocemos y que rigen en la más alta y sublime realidad, en la realidad espiritual. Son las leyes de nuestro pensar y querer, de nuestro amar y obrar. Son las leyes de nuestra vida espiritual y religiosa, de nuestra cultura, las leyes de nuestra evolución psíquica y nuestra historia. Son las leyes de nuestra existencia personal y nuestra comunidad; finalmente, son las leyes de *nuestra convivencia* con los hombres y *con Dios.*

En estas leyes del espíritu vemos algo nuevo e inaudito: en su mayor parte no son ya dictatoriales como las leyes del espacio y de la vida, no son una imposición, sino que llegan a nosotros como una llamada y *requieren* una *decisión que ha de tomar nuestra libre voluntad.* Éstas son las leyes de la *vida moral,* las leyes de la verdad y bondad humanas. Estas leyes, en parte, fueron implantadas por Dios en la naturaleza humana — la llamada ley natural—; en parte, fueron dadas por Dios y por las dos sociedades perfectas que proceden de Él, la Iglesia y el Estado, y fueron transmitidas oralmente o por escrito en los códigos. Lo que todas estas leyes tienen de común, es que no se cumplen de una forma forzosa, automática, sino por la decisión libre y responsable de la criatura más excelsa, el hombre. La libertad en que dicha ley debe ser cumplida le da su verdadero sentido. Por una parte, las leyes del espíritu son tan necesarias o más necesarias todavía que las leyes físicas y de la vida, y su violación es castigada con una muerte mucho más cruel; por otra parte, a la máxima necesidad se une la máxima libertad:

hay que ser bueno por propia voluntad y decisión. Y con ello pasamos del concepto de ley a otro concepto íntimamente vinculado con éste: *la libertad.*

B. La libertad

Considerada exteriormente, la libertad significa la carencia de toda coacción exterior, implica una independencia del exterior, la ausencia de barreras, cadenas y muros, significa libertad de movimiento. A esto llamamos «libertad física». Esta libertad la tiene en determinadas circunstancias también el animal, el perro que no está atado a la cadena o el becerro que retoza suelto por los prados. Pero, al pasar del orden exterior al *interior,* hay un cambio radical. La *libertad interior* es propia sólo de Dios y el hombre. Libertad en el sentido pleno de la palabra únicamente la posee el ser dotado de espíritu. Al hablar de libertad en relación con nuestro tema, nos referimos siempre a esta libertad del espíritu, que consiste en la capacidad del hombre de determinar él mismo su propio obrar, sin *coacción interna,* sin estar forzado interiormente. La libertad no es más que la autodeterminación de la voluntad humana acerca de si debe obrar o no, si debe obrar en un sentido o en otro. Desde este punto de vista, la acción libre es la forma esencial en que realizo mi yo, mi ser personal. Por ella soy hombre y quizá no hay otro hecho que mi *conciencia,* es decir, la experiencia de mí mismo, me demuestre tan claramente —a pesar de todas las dificultades teóricas— como el hecho de la libertad de la voluntad. Según Platón, libertad significa disponer de sí mismo. Se puede discutir sobre esta verdad, y al parecer se pueden aducir razones de peso contra ella. Pero en el momento en que el aquejado por la duda abandona el ímpetu de las discusiones, sabe que la libertad existe. *A pesar de todo, soy libre.*

A pesar de todo, he de confesar que no siempre me comporto como persona libre; a veces en absoluto, otras sólo en parte. Estoy cohibido y atado. Mis disposiciones hereditarias, mi carácter, mi temperamento y mis pasiones influyen en mí. Y, no obstante, en muchos casos tengo la evidencia de que mi obrar procede de mí mismo; sé que podría obrar también de otro modo, y si lo hago en un sentido determinado es porque quiero. Soy verdaderamente causa de este acto que debe su existencia a mi iniciativa.

Dos hechos peculiares, constantemente perceptibles, que acompañan al acto libre, demuestran mi libertad interior: la conciencia de *obligación* y de *responsabilidad.* Sé que mi deber es obrar de un modo determinado y no de otro, me siento responsable de mis actos y estoy dispuesto a recibir recompensa o castigo por ellos.

De este modo, mi libre actuación es realmente expresión de mi vida *espiritual.* La vida es, propiamente, libertad, libre actividad espiritual. Es la expresión viva de la personalidad responsable de sí misma. Donde la libertad desaparece, muere también la personalidad humana y sólo queda la masa sin expresión, lo colectivo.

Cuando la libertad *encuentra a Dios* y se dirige hacia el *bien,* hablamos de *libertad moral.* En ella se refleja toda la grandeza del hombre. En la libertad humana se revela el respeto del Creador por su criatura. Si el hombre libremente deja que Dios se apodere de él, si se entrega a Dios en un acto libre y personal, realiza lo más excelso. Y esta entrega a Dios, al máximo Bien, la llamamos *amor.* La mayor libertad es el amor, y todo amor auténtico es Ubre, y precisamente por ello es expresión sublime de la libre personalidad humana. Mas la suprema libertad humana es el amor a Dios y éste es, al mismo tiempo, el primer mandamiento: «¡Amarás al Señor, tu Dios!» (Deut 6, 5; Mt 22, 34 ss)[2].

C. Ley y libertad

Los dos conceptos que hemos tomado como base y analizado brevemente, coinciden en un lugar y pasan de la tensión a la unidad: *en el amor de Dios.* Desde esta perspectiva intentare-

---

2 Véase, en relación a este epígrafe, «La libertad», la obra de ROMANO GUARDINI, *Freiheit, Gnade, Schicksal,* Kösel-Verlag, Múnich.

mos comprender el contraste y la armonía que existen entre la libertad y la ley en su aspecto general y fundamental.

Ley y libertad sólo entran en conflicto —como nos lo muestra la historia— cuando una de las dos extiende indebidamente su poder a costa de la otra. Hubo épocas y tendencias que idolatraban la ley y de este modo esclavizaban la libertad, y épocas y tendencias que abogaron por una libertad sin obligación y sin ley. En el primer caso, el resultado era la tiranía; en el segundo, la anarquía y la revolución.

Así, en la *antigüedad,* encontramos entre los judíos contemporáneos de Jesucristo una sobrevaloración de la ley religiosa. En el estado policíaco de Esparta dominaba otra ley, el militarismo, la disciplina férrea y el colectivismo autoritario. La libertad del individuo fue sacrificada hasta tal punto que, como consecuencia, Esparta apenas pudo tener parte en el florecimiento y la posterior grandeza de la cultura y del arte griegos.

Frente a la rigidez de la ley judaica y la férrea disciplina de Esparta, estaban *Atenas* y *Roma.* En la época de su florecimiento, ambas lograron mantener un sano equilibrio entre ley y libertad protegiendo la verdadera libertad mediante una legislación prudente. De este modo, la cultura ateniense en tiempos de Solón, y más aún en el siglo de Pericles, alcanzó un florecimiento único en su género. Fue entonces cuando se construyeron los grandiosos edificios, los templos, teatros y estadios, y florecieron las obras de arte de Fidias y Praxíteles. Fue entonces cuando los poetas Esquilo, Sófocles y Eurípides entonaron sus cantos, y cuando los historiadores Tucídides y Jenofonte escribieron sus obras. Lo mismo se puede decir de Roma en la época republicana y de Augusto. Pero más tarde irrumpe la tendencia hacia una libertad desenfrenada, sobre todo en el terreno religioso. Se perdió el sano equilibrio y, al querer suprimir las leyes y las normas, la libertad se trocó en libertinaje. De este modo se llegó a la tremenda inmoralidad que caracteriza las postrimerías de la antigüedad y de la época helenística, a la terrible decadencia a que aluden los autores clásicos, las epístolas de san Pablo y los primeros padres de la Iglesia.

En la *edad media,* también se mantuvo el equilibrio entre la fuerza centrífuga de la libertad y la fuerza centrípeta de la ley. La gran obra de Carlomagno fue, después de los tiempos desenfrenados de la invasión de los bárbaros, sacar al occidente del caos mediante una coordinación sabia y una legislación prudente, y convertir el imperio en una nueva unidad cristiana. Y cuando, más tarde, los emperadores iban convirtiéndose en tiranos, la Iglesia, los papas intervinieron como guardianes y baluartes de la libertad. Pero cuando, más adelante, casi todo el poder político se concentró en manos de la Iglesia, corrió también ésta el peligro de sobrevalorar la autoridad con menoscabo de la libertad. Bajo Gregorio VII y, más aún, bajo Inocencio ni, este peligro era agudo. El Estado se inclinó ante la soberanía de la Iglesia, que poseía poder externo para hacer valer por la fuerza sus pretensiones. La consecuencia, catastrófica, fue la pérdida de la libertad de conciencia del individuo, y los tribunales de la Inquisición comenzaron su actividad.

La *edad moderna* fue perdiendo gradualmente, y en sentido inverso a la edad media, el equilibrio entre ley y libertad. En la lucha contra la supuesta preponderancia de las leyes y con el lema de la libertad del cristiano, los reformadores se separaron de la Iglesia. En nombre de la libertad se llegó a renegar de Cristo en la época de la revolución francesa y de la ilustración. Finalmente, en el siglo XIX, también en nombre de la libertad, las masas se separaron de Dios y rechazaron toda obligación de índole religiosa y moral. La gente se embriagó con la idea de la libertad de conciencia y de religión, interpretada frecuentemente en el sentido de que cada uno tenía derecho a juzgar todo y cada cosa en particular. La existencia de una verdad absoluta, de una ley superior que obliga a todos los hombres sin excepción, era inadmisible para el hombre ilustrado. Se implantó el positivismo en derecho, doctrina que sostiene que las leyes del Estado tienen su fundamento y su origen simplemente en la voluntad del jefe, o sea, en la democracia, en la voluntad del pueblo, lo que quiere decir que las leyes están sujetas a la arbitrariedad de los hombres. Ésta, empero, es la libertad que disuelve y destruye. Destruyó la verdadera comunidad, que sólo puede existir cuando se da la armonía entre ley y libertad. De este modo surgió el individualismo desmesurado de la concepción liberal. La personalidad se diviniza y, según el *Contrato social* de Rousseau, el Estado no es más que un guardián de los intereses privados. En la época contemporánea, el Estado se ha vengado de esta degradación. Desde las dos guerras mundiales experimentamos una poderosa reacción, peligrosísima por ser tan desmesurada. Con una apariencia de democracia y de libertad, la ley autoritaria prevalece hasta el punto de amenazar la libertad en sus fundamentos. Todo se coloca bajo la protección de la ley, y en lugar de una comunidad sana y ordenada gana cada vez más terreno lo colectivo, la masa.

Por otra parte, cuando la ley está en manos de un jefe egoísta o ampara a ciudadanos perezosos e irresponsables con el solo objeto de proteger su comodidad y su propiedad, o sirve al provecho de un solo partido, se realiza el paso a la dictadura, que puede convertirse en una forma moderna de tiranía.

Por tanto, es necesario volver a la verdadera libertad, que no es otra cosa que la realización del bien por propia voluntad y decisión. De este modo se cumple la verdadera y justa ley, que, siendo una obligación necesaria y ordenadora, procede en último término de Dios. Es imprescindible aceptar esta verdad para comprender y superar el contraste entre *ley y libertad,* puesto que todas las leyes verdaderas, y ante todo las leyes del espíritu, tienen su fundamento en Dios, el cual es la suprema necesidad y al mismo tiempo la suprema libertad, es decir, es *amor.* «Sólo Dios, el gran Amante, puede crear leyes que irradien en el mundo de los astros y en el mundo de los corazones, leyes que el hombre que ama a Dios cumple en la libertad del amor» (P. Lippert). Por amor el hombre acogerá la verdadera ley en su corazón, allí donde se unen el espíritu de obediencia y el espíritu de libertad, donde la sujeción a la ley y su reconocimiento se expresan en un acto de libre decisión personal. Pues la ley —tanto si la descubrimos en la naturaleza, en la Iglesia o en el Estado— es revelación de la voluntad y de la realidad divinas, nos solicita a abandonarnos libre y amorosamente a esta voluntad y realidad de Dios, y entonces se realiza el encuentro entre ley y libertad en una unidad superior, en Dios.

Con ello creemos haber planteado el problema de *la ley y la libertad* en sus rasgos generales. Vamos a mostrar a continuación cómo se plantea este problema en el ámbito del *catolicismo* y, ante todo, respecto a la Iglesia. Es un hecho digno de ser tenido en cuenta que Dios, su Hijo unigénito y su Iglesia están en nosotros, en el centro de nuestra alma, y aparecen como abogados de la libertad. El cristianismo es la religión de la libertad. Y, no obstante, de Dios y de la Iglesia procede la ley, y tiene un papel decisivo en el cristianismo y, sobre todo, en el catolicismo. Esta faceta del problema, el contraste de la ley y libertad en el cristianismo y en la Iglesia católica, será el tema de los capítulos siguientes.

II

LEY Y LIBERTAD EN LA BIBLIA

La libertad cristiana

En el capítulo anterior hemos intentado dar una visión general del contraste entre ley y libertad. Nuestra intención era plantear la cuestión, señalar el problema. Hemos visto que la humanidad, como nuestro corazón, tiene dos latidos que se suceden y repiten regularmente en el individuo, en cada pueblo y en toda la humanidad. Se designan con los nombres de *liberación* y *obligación,* libertad y ley. El péndulo de la historia oscila siempre hacia un lado o hacia el otro, y raras veces nos encontramos con tiempos —felices tiempos— en que se realice el equilibrio ideal, el justo medio.

La tensión entre ley y libertad no domina sólo la vida profana, la historia en su dimensión natural, terrena. Esta tensión es y ha sido en todos los tiempos, y especialmente desde la aparición del *cristianismo* —la religión de la libertad—, un *problema religioso* de dolorosa magnitud, un problema que tiene su máxima actualidad en la *Iglesia,* como lugar concreto donde se realiza visiblemente el cristianismo. Nuestra tarea principal es analizar el problema de la ley y la libertad tal como se presenta en la Iglesia católica. Pero, antes de entrar en ello, antes de tratar el problema en este aspecto particular, es preciso hablar sobre *la ley y la libertad en el cristianismo* en general. Sólo después de haber resuelto este problema podemos pasar adelante y plantear la misma cuestión respecto al catolicismo. Naturalmente, no existe una separación neta entre ambos, entre cristianismo y catolicismo, ya que, según el concepto católico, cristianismo e Iglesia son inseparables, y un cristianismo sin Iglesia y, por tanto, sin forma, sería contrario a la voluntad de Cristo, su fundador.

Si queremos hacer un estudio acerca de la posición del cristianismo, es decir, de la revelación cristiana ante la ley y la libertad, hemos de examinar primero los textos que contienen esta revelación y averiguar qué dicen dichos textos acerca de estos dos conceptos. Los principales escritos donde está contenida la revelación son los 72 libros de la Biblia, el Antiguo Testamento y el Nuevo; por tanto, la revelación cristiana no puede renunciar al Antiguo Testamento, ya que, según palabra de san Agustín, el Nuevo Testamento se esconde en el Antiguo y aclara su misterioso sentido. De este modo, el problema de la ley y la libertad cristiana se reduce a la pregunta: *¿Qué relación guardan la ley y la libertad en la Biblia?* Responderemos brevemente a esta pregunta, casi a modo de sugerencias para facilitarnos la visión general del tema del que se ocupa el presente capítulo.

A. El Antiguo Testamento

Quien haya leído y conozca, aunque sólo sea someramente, el Antiguo Testamento, se habrá dado cuenta en seguida de que se caracteriza por una notable *falta de libertad:* está marcado por la *ley.* Cuando el Antiguo Testamento habla de libertad, se refiere generalmente a la libertad en el sentido de independencia social y política. La libertad en el sentido religioso es uno de los grandes bienes prometidos para los tiempos mesiánicos.

Sólo el Mesías, el Redentor que ha de llegar, liberará el mundo del pecado y le devolverá la libertad más profunda, la liberación del mal. El hombre del Antiguo Testamento considera la libertad, en el sentido de liberación del pecado, como un bien que se perdió en el paraíso y que el Mesías devuelve a la humanidad. El Antiguo Testamento conoce también la libertad personal del individuo, la Libertad de la voluntad, pero la considera ante todo desde el punto de vista de la posibilidad del pecado y de la responsabilidad. De esta libertad de voluntad hablan ante todo los libros sapienciales.

La auténtica libertad religiosa no se encuentra en el Antiguo Testamento. Por ello la antigua alianza representa para San Pablo y los padres de la Iglesia, decididamente, el tiempo de la carencia de libertad y de la esclavitud, la época en que el pueblo judío es mantenido por el férreo *yugo de la ley,* casi contra su voluntad, en la fidelidad al Dios uno, a Yahveh, y de este modo es guardado mediante la severa disciplina de la ley para la revelación de la verdadera libertad. Se comprende, por tanto, el enorme significado de la ley en la antigua alianza, que los organismos y los guardianes de esta ley, designados por Dios, aumentaron hasta adquirir proporciones desmesuradas y monstruosas.

1. El concepto de la ley

En concepto de «ley» coincide en el Antiguo Testamento con la llamada *ley mosaica,* la *Tora;* esto es, con los preceptos contenidos en el Pentateuco y que se refieren a la vida moral y social y al culto. La ley mosaica tiene como fundamento el concepto de *alianza.* En el monte Sinaí, después de la salida de Egipto, Yahveh hizo de los judíos su pueblo escogido, y en medio de truenos y relámpagos hizo una alianza con los judíos por mediación de Moisés. Esta relación de alianza con Yahveh, en la que entró Israel en el monte Sinaí, requería precisiones fijadas con exactitud, por las que la voluntad y el derecho de dominio de Dios se exteriorizaran, de manera clara y definida, como ley de vida. De esta forma la ley se convirtió en precepto de alianza, en exigencia de Dios hacia su pueblo. Era la clara revelación de la voluntad divina que requería obediencia absoluta e incondicional. Toda transgresión de la ley tenía como consecuencia sanciones severísimas e implacables. Sólo en la obediencia a la voluntad divina, conocida por medio de la revelación, pudo madurar Israel interiormente como pueblo de Dios. Este trabajo de educación, que abarcaba toda la vida religiosa y civil, la ley sólo lo podía verificar en un pueblo que tuviese gran apego a lo exterior y a lo sensible. No había zona neutral en la vida del pueblo de la alianza, toda ella estaba sometida mediante la ley a la voluntad de Dios. Todo estaba regulado, empezando por los grandes asuntos de la vida estatal, hasta los más pequeños negocios de la vida cotidiana. En cuanto a su ley civil y al culto, Moisés se inspiró en el mundo en que vivía, en los antiguos códigos orientales. Pensemos solamente en el famoso código de Hamurabi. Si la ley en sus rasgos principales tuvo su origen en La revelación divina, era preciso fijar muy pronto por escrito la voluntad del Dios de la alianza. Podemos resumir la *esencia originaria de la ley mosaica* de la siguiente forma: Se caracteriza por:

a) La *índole absoluta de sus requisitos,* manifestada en la fuerza de la formulación, que excluye toda alternativa, y en la dureza de las sanciones (muerte y maldición).

b) El *carácter negativo de sus prescripciones,* que en su mayoría son prohibiciones.

c) El carácter proselitista de sus preceptos.

d) Una *brevedad que,* no obstante, *lo abarca todo;* toda la vida estaba regulada por la ley, y de esta forma estaba bajo el dominio de Dios.

e) Su *índole colectiva,* dirigiéndose en primer lugar no al individuo, sino a Israel; el individuo ha de expiar frecuentemente los pecados del pueblo.

La *finalidad de la ley* es la unión absoluta del pueblo y del individuo con Yahveh.

2. Comprensión del concepto de ley

La ley emprendió su *camino* a través de una historia de casi dos mil años y manifestó la singular grandeza y misión del pueblo judío. En la actitud del pueblo judío ante la ley, podemos distinguir *dos períodos: antes y después del cautiverio en Babilonia.*

A pesar de su carácter absoluto y sin alternativas, la ley se consideró en el *primer período* como bendición, como prueba del amor y la gracia de Yahveh. La ley no es algo ajeno al hombre, no encierra exigencias imposibles de cumplir. Por ello el hombre es responsable de su transgresión. La observancia de la ley significa honor y larga vida, felicidad y paz. La ley es consuelo en los momentos de aflicción, es expresión del amor. Por ello los sentimientos y el corazón del hombre tienen un papel importante. No basta la fidelidad puramente exterior a la ley. Los guardianes de la ley son los sacerdotes; la ley se inculca siempre de nuevo, y en las épocas de decadencia revive con fuerza increíble por virtud de los profetas. Ellos son los reformadores de la antigua alianza.

El *exilio,* el cautiverio en Babilonia, trajo consigo un cambio esencial en la posición de Israel ante la ley. Las amenazas de los profetas se han cumplido. Israel ha sido castigado por haber desobedecido a Yahveh. Después del retorno a la patria, el deseo principal del pueblo era cumplir la voluntad de Dios. Israel ha de obedecer a la ley para poder vivir; esto se demostró claramente en el exilio. Cada vez se da más importancia al cumplimiento de la ley. Ésta adquiere un peso independiente; el culto, el sacrificio quedan relegados a segundo plano. Al lado de la alabanza de Dios surge cada vez más e independientemente la alabanza de la ley. El centro de gravedad se desplaza, lenta pero constantemente, *de la relación a Dios al cumplimiento de la ley.* La ley tiene una posición nueva y aparece una nueva casta, la de los *escribas,* que en lugar de los sacerdotes estudian y exponen la ley, la *Tora.* El estudio de la ley adquiere un enorme significado y crea alrededor de ella una espesa capa de explicaciones y disposiciones, una casuística estéril que todo lo reglamenta. Son aquellas «tradiciones de los padres» que muy pronto sofocaron la ley, haciendo de ella una carga pesada e imposible de cumplir. La consecuencia necesaria era una exteriorización alarmante, aquella justicia según las obras e hipócrita piedad legal de los escribas y fariseos en tiempos de Jesucristo. Son típicas, ante todo, las numerosas y hasta ridículas prescripciones referentes a la *limpieza* y al *descanso del sábado.* Es evidente que esta ley no fue tomada en serio o resultó una enorme carga para las almas piadosas que se esforzaron en cumplirla sin llegar jamás a conseguirlo plenamente.

3. Resumen

La época de la antigua alianza es esencialmente una época de preparación; por tanto, es algo pasajero. Por esta razón está bajo la *ley*, la *obligación*, la *Tora*. La ley ocupa el primer lugar, y la libertad religiosa propiamente dicha es desconocida en el Antiguo Testamento. Pero en el Antiguo Testamento la ley no es tampoco una finalidad en sí, sino que está, como constitución de la alianza, al servicio de la relación del pueblo con Dios y abierta hacia la plenitud de los tiempos mesiánicos.

En la *interpretación de la ley* por los judíos se realiza, en el transcurso de la historia, un cambio desgraciado que va del interior al exterior. Y al final de este desarrollo, la ley, junto con un ingente número de aclaraciones, explicaciones y tradiciones, se ha convertido en una finalidad en sí; una ley que fue custodiada por una sola casta y que, visto desde un ángulo meramente práctico, resultaba imposible que el pueblo pudiese llegar ni con la mejor voluntad a conocerla y mucho menos cumplirla. Ésta es la situación al alborear la nueva época.

B. El Nuevo Testamento

Mientras el Antiguo Testamento está bajo el signo de la ley, el Nuevo Testamento está *bajo el signo de la libertad.* La ley es lo antiguo, lo pasado; la libertad, lo nuevo, lo venidero. Oculta en la ley estaba la promesa; en la libertad, en cambio, amanece la plenitud. Mediante la ley, que era como un educador severo, condujo Dios a la humanidad a través de los años de minoría de edad espiritual hacia la libertad de la nueva alianza. En el Antiguo Testamento dominaba tan claramente la ley, que casi no hubo que hablar de libertad. En el Nuevo Testamento llega lo nuevo, la libertad en Cristo, que choca con toda su grandeza contra la ley, dando lugar a una *contienda* de alcance universal *entre ley y libertad,* a una lucha entre la sujeción y la liberación en el cristianismo primitivo. Cristo se sometió todavía libremente a la ley y sólo condenó su retorsión por los fariseos. De la libertad empero que Él traerá, se habla raras veces abiertamente, aún está en el futuro. El gran acto de liberación lo realizó Cristo en la cruz al final de su vida y sólo empezó a dar fruto universalmente después de su ascensión.

Fue *san Pablo* quien, bajo el peso de las circunstancias, ante todo con miras a la misión entre los paganos, se dio cuenta de que la muerte de Cristo era la gran acción liberadora. Fue él quien elaboró teológicamente esta verdad y emprendió la lucha contra la ley. San Pablo fue el pregonero enviado por Dios, el heraldo de la libertad contra la ley. Esta lucha se convirtió en una cuestión de vida o muerte para la cristiandad naciente. Por un lado estaba Moisés, por el otro Cristo; por un lado la ley mosaica en su formulación de la época judaica posterior, por el otro la libertad cristiana de los hijos de Dios. La tensión entre ley y libertad adquirió una forma especial; estaba marcada por el espíritu de la época. Y en esta lucha condicionada por la época, san Pablo dijo tantas cosas atemporales en favor de la libertad, que incluso a nosotros nos interesan y obligan.

Esta doctrina la desarrolla san Pablo sobre todo en las epístolas a los Gálatas y a los romanos. Además, tenemos lo referido en los Hechos de los apóstoles. La carta magna de la Libertad cristiana es, sin duda alguna, la epístola a los Gálatas. Estudiando este abundante material obtenemos la siguiente visión de la *doctrina de san Pablo sobre la ley y la libertad:*

1. La situación exterior de la época

El cristianismo tuvo sus principios en *Jerusalén.* Los primeros cristianos que fueron bautizados precedían del judaísmo, eran *cristianos judíos.* La nueva religión fue considerada por los no prosélitos como una secta judía entre otras. Esta impresión fue fomentada todavía por el hecho de que estos cristianos judíos siguieron observando, junto a su confesión cristiana, la ley de Moisés; guardaron el sábado, visitaron las sinagogas, observaron las disposiciones referentes a las comidas y, ante todo, siguieron considerando necesario el gran signo de la alianza, la circuncisión, a la que sometieron a sus hijos. Eso nos parece extraño, casi como una contradicción. Comprenderemos mejor esta postura si pensamos en la tradición milenaria en que vivían estos cristianos judíos, en el nacionalismo casi fanático que dio a este pueblo una fuerte unidad, separándolo marcada y casi hostilmente de los «perros», los paganos impíos; y si tenemos en cuenta también que el mismo Cristo observó la ley en lo esencial y no se pronunció acerca de la cuestión de la continuidad de la misma en el cristianismo naciente, dejando la solución de este delicado problema a la joven Iglesia y a sus dirigentes. Ni siquiera la pregunta de si también los paganos podían ser bautizados fue contestada en sentido positivo por todos los cristianos judíos. Fue necesario un milagro, una intervención de Dios, para que san Pedro se decidiera a aceptar en la Iglesia al primer hombre no circunciso en la persona del pagano Cornelio. Pero con las conversiones individuales no quedaba solucionado el problema de la misión y conversión de las masas paganas.

Era la *misión histórica de san Pablo,* que se había educado fuera de Palestina, en una ciudad pagana, como ciudadano romano, emprender con Barnabás, desde Antioquía, la misión a gran escala entre los gentiles. Y surgió el temido conflicto que duró decenios, dando lugar a una fuerte tensión entre cristianos judíos y cristianos gentiles, en la que sucumbieron aquéllos con su postura rígida y surgió la rivalidad entre *Jerusalén y Antioquía. La* comunidad de Jerusalén, a cuya cabeza estaba Santiago, pidió a san Pablo que exigiese de los gentiles conversos la observancia de la ley de Moisés y, ante todo, la *circuncisión.* Esto era exorbitante, y prácticamente hubiera imposibilitado proseguir la misión entre los paganos. Para la mayor parte de los gentiles, a los que los judíos por su parte no tenían en gran estima, la ley de Moisés, con sus mil prescripciones, era algo totalmente extraño, y sobre todo sentían aversión ante el rito, para ellos raro, de la circuncisión. Nunca hubieran accedido a ello los gentiles adultos. Antes hubieran renunciado al cristianismo. San Pablo ve el mortal peligro: ¿Moisés o Cristo? Éste es el dilema que se le plantea. ¿Debe seguir arrastrando el cristianismo el peso de la ley y conformarse con ser una secta judía, una insignificante iglesia nacional y racista, o debe anunciar la Libertad que trajo Cristo y conquistar el mundo? ¿Debía partirse la Iglesia en dos ya en sus principios, dando lugar a un cisma? Era un problema religioso y, al mismo tiempo, social.

De este modo surgió la gran polémica entre Jerusalén y Antioquía, que llegó a su fase aguda después del primer viaje misional de san Pablo y que encontró su primera y fundamental solución en el *concilio de los apóstoles* (Hechos 15). San Pablo venció en lo esencial gracias a la postura conciliadora de Santiago. Las pretensiones exageradas de los cristianos judíos fueron rechazadas. Los cristianos paganos sólo tuvieron que aceptar un pequeño, aunque no muy feliz, compromiso. La controversia continuó en forma velada. La discusión versaba sobre todo acerca de la circuncisión. «Si no os circuncidáis conforme a la ley de Moisés, no podéis ser salvados» (véase Hechos 15, 1). Ésta era la tesis del partido judío. En última instancia, se trataba de un problema de índole dogmática, pues la cuestión era de si la salvación se lograba por la ley o por la gracia.

No obstante, san Pablo fue consecuente, y cuando *san Pedro,* por su conducta ambigua, pareció dar la razón a los cristianos judaizantes, no titubeó en «resistirle en su misma cara» (Gal 2,11-14). Sabía que la conducta de san Pedro, columna de la Iglesia, era de suma importancia.

Entretanto, los enemigos sembraron la disputa en las comunidades fundadas por san Pablo, sobre todo en Galacia, y lograron convencer a algunos cristianos gentiles para que se circuncidaran, causando en todas partes gran confusión. Entonces san Pablo escribió a los gálatas tratando el problema de la ley y la libertad con gran profundidad, y condenó a los judaizantes con rigor y fuerza casi pasional. En varias epístolas se roza este problema, pero en forma expresa se trata en las epístolas a los *Gálatas* y a los *Romanos.* La epístola a los Gálatas nació en el calor del combate; la epístola a los Romanos, más tardía, estudia el problema con serenidad, una vez aclarada lentamente la situación y en vista de que toda la evolución daba la razón a san Pablo.

A pesar de ello, cuando san Pablo, después de su tercer viaje misional, llegó a *Jerusalén* y relató sus grandes éxitos, fue recibido con mucha frialdad y reserva por la comunidad de esta ciudad. Allí se le dio el fatal consejo de hacer un voto nazareo, es decir, que realizara un acto de la ley mosaica y de culto en el templo, para condescender con los cristianos judíos. Para guardar la tan apreciada paz, san Pablo accedió muy a pesar suyo y totalmente en contra de los sentimientos de su corazón. Esto fue, humanamente hablando, su perdición. Como es sabido, el pueblo se amotinó en el templo, el Apóstol fue hecho prisionero en circunstancias dramáticas y transportado a Cesárea y luego a Roma, donde murió víctima de su misión a los paganos, víctima de su lucha por la libertad (Hechos 21, 17ss).

El conflicto perdió su significado en tiempos de las grandes persecuciones y después de la destrucción de Jerusalén y del templo, en el año 70. Luego volvió a surgir en otra forma, pero esta vez la libertad venció y la victoria salvó al cristianismo e hizo de él la religión universal que había de llevar a la libertad.

2. La esencia de la lucha La esencia de la libertad según San Pablo

La libertad cristiana que anuncia san Pablo tiene *tres aspectos:* la liberación del pecado, la liberación de la ley de Moisés, que revela el pecado, y la liberación de la muerte, que es consecuencia de la ley y del pecado. Según san Pablo, la *libertad* es la liberación de una existencia que, siendo una existencia en el pecado, conduce mediante la ley a la muerte: es la libertad en Cristo.

Lo *primero* y fundamental es la *liberación del pecado.* Es la esencia de la redención. Es la liberación del estado, cargado de maldiciones, de lejanía de Dios, del que san Pablo trazó en la epístola a los Romanos un cuadro tan sombrío. Liberación de la ira de Dios, que «se manifiesta sobre toda impiedad e injusticia de los hombres» (Rom. 1, 18). De esta primera libertad, la más importante, trata extensamente el *capítulo 6 de la epístola a los Romanos:* «¿Qué diremos, pues? ¿Permaneceremos en el pecado para que abunde la gracia? Lejos de eso. Los que hemos muerto al pecado, ¿cómo vivir todavía en él? ¿O ignoráis que cuantos hemos sido bautizados en Cristo Jesús fuimos bautizados para participar en su muerte? Con Él hemos sido sepultados por el bautismo para participar en su muerte, para que, como Él resucitó de entre los muertos por la gloria del Padre, así también nosotros vivamos una vida nueva» (Rom 6, 1-4). «El pecado ya no tendrá dominio sobre vosotros, pues no estáis bajo la ley, sino bajo la gracia» (Rom 6, 14).

De la esclavitud del pecado, hemos sido conducidos a la verdadera libertad. «Pues cuando erais esclavos del pecado estabais libres respecto de la justicia. ¿Y qué frutos obtuvisteis entonces? Aquellos de que ahora os avergonzáis, porque su fin es la muerte. Pero ahora, libres del pecado y siervos de Dios, tenéis por fruto la santificación y por fin la vida eterna. Pues el precio del pecado es la muerte; pero el don de Dios es la vida eterna en nuestro Señor Jesucristo» (Rom 6, 20-23).

En *segundo* lugar tenemos la *liberación de la ley,* que está en íntima relación con la liberación del pecado. La ley es en sí buena, pero no podía dar la fuerza para evitar el pecado, sino que hizo que mediante sus preceptos y prohibiciones el pecado entrara en la conciencia del hombre, despertando a menudo el deseo que conducía al pecado. Así, en el auténtico orden, la ley hace posible la experiencia del pecado y lo vigoriza. En consecuencia, a la liberación del pecado sigue la liberación de la ley y, como caso concreto y peculiar, la liberación del precepto de la *circuncisión.* Ahondando más, vemos que se trata de una liberación de toda falsa justicia de la ley, de aquella obsesión por las obras que reinaba alrededor de san Pablo; era, en última instancia, una liberación *de sí mismo* (Rom 7, 2-25; 8, 2; Gal 2, 4; 4, 21-31; 5, 1-15; Rom 10, 3).

San Pablo trata extensamente el problema de la ley y la gracia en el capítulo 7 de la epístola a los Romanos. La muerte de Cristo nos liberó de la ley, de modo similar a como la muerte del marido libera a la mujer de la ley de la obligación conyugal. «Así que, hermanos míos, vosotros habéis muerto también a la ley por el cuerpo de Cristo, para ser de otro que resucitó de entre los muertos, a fin de que deis frutos para Dios. Pues cuando estábamos en la carne, las pasiones de los pecados, vigorizadas por la ley, obraban en nuestros miembros y daban frutos de muerte; mas ahora, desligados de la ley, estamos muertos a lo que nos sujetaba, de manera que sirvamos en espíritu nuevo, no en la letra vieja» (Rom 7, 4-6). «Porque la ley del espíritu de vida en Cristo Jesús me libró de la ley del pecado y de la muerte» (Rom 8, 2). «Pues, si la herencia dependiera de la ley, ya no procedería de la promesa. Y es así que a Abraham hízole Dios merced de la herencia por medio de una promesa» (Gal 3, 18). «Y así, antes *de* venir la fe, estábamos encarcelados bajo la ley, en espera de la ley que había de revelarse. De suerte que la ley fue nuestro ayo para llevarnos a Cristo, para que fuéramos justificados por la fe. Pero, llegada la fe, ya no estamos bajo el ayo» (Gal 3, 23-25). «Para que gocemos de libertad, Cristo nos ha hecho libres; manteneos, pues, firmes, y no os dejéis sujetar al yugo de la servidumbre» (Gal 5, 1). «Os desligáis de Cristo los que buscáis la justicia en la ley; habéis perdido la gracia» (Gal 5, 4-5). «...porque el fin de la ley es Cristo, para la justificación de todo el que cree» (Rom 10, 3).

En *tercer* lugar tenemos la *liberación de la muerte,* que es consecuencia del pecado. Se trata aquí de la muerte eterna, la muerte del alma en el otro mundo. Es entonces cuando el pecado es definitivamente vencido. La liberación de la muerte encierra en sí la liberación del pecado y significa *«vida eterna».* También de esto habla el *capítulo 6 de la epístola a los Romanos.*

«Si hemos muerto con Cristo, también viviremos con Él; pues sabemos que Cristo, resucitado entre los muertos, ya no muere, la muerte no tiene ya dominio sobre Él. Porque muriendo, murió al pecado para siempre; pero viviendo, vive para Dios... Ofreceos más bien a Dios como quienes, muertos, han vuelto a la vida, y dad vuestros miembros a Dios como instrumentos de justicia» (Rom 6, 8-11 y 13). Y luego, en la primera epístola a los Corintios: «Cristo ha resucitado de entre los muertos como primicia de los que mueren. Porque, como por un hombre vino la muerte, también por un hombre vino la resurrección de los muertos. Y como en Adán hemos muerto todos, así también en Cristo somos todos vivificados...» (1 Cor 15, 20-22). «¿Dónde está, muerte, tu aguijón? El aguijón de la muerte es el pecado y la fuerza del pecado la ley. Pero gracias sean dadas a Dios, que nos da la victoria por nuestro Señor Jesucristo» (1 Cor 15, 55-57). He ahí la trilogía muerte-pecado-ley en su relación íntima. A ella se refiere la victoria en la resurrección de Cristo y en el bautismo.

Esta *triple liberación* del pecado, de la ley y de la muerte, se realiza de *tres maneras:*

En primer lugar y fundamentalmente, por la *cruz de Cristo.* Por su acto de obediencia en la cruz, por su muerte expiatoria, nos mereció la libertad. El Hijo nos libera del pecado, de la ley y de la muerte tomando estas tres realidades sobre sí y venciéndolas en la cruz por la obediencia al Padre. Así, en san Pablo la libertad está bajo el signo de la cruz de Cristo. «Para que gocemos de la libertad, Cristo *nos ha hecho libres»* (Gal 5, 1).

Este acto objetivo de liberación de Cristo va dirigido a cada hombre en particular, y es una *llamada de Dios,* un don de la gracia. «Vosotros, hermanos, habéis sido llamados a la libertad» (Gal 5, 13), dice san Pablo en la epístola a los Gálatas. El acto por el que Cristo nos da la libertad se dirige a los cristianos y actúa por el Espíritu Santo en el sacramento del *bautismo.* La libertad de Cristo será entonces la libertad del cristiano; el acto objetivo de liberación se convierte en liberación subjetiva. Los bautizados son los liberados. El bautismo nos comunica fundamentalmente la libertad que Cristo mereció para nosotros, ya que nos sumerge en su muerte y su resurrección. Siendo bautizados, somos libres en Cristo «por la fuerza de la libertad en la que Cristo nos liberó» (Gal 5). Somos los hijos de la libre, de Sara, los verdaderos descendientes de Abraham, el nuevo Israel, la Jerusalén superior (Gal 4, 21ss). La existencia cristiana es un estar libre de pecado, ley y muerte.

A esta liberación sucede como tercer acto, según san Pablo, *nuestra respuesta* al llamamiento de Dios, y esto es el *amor.* Nuestra vida como liberados, como libres, es una vida dé la nueva justicia, una vida en el nuevo espíritu, una vida en el amor. «Libres del pecado, servís a la justicia», «Si vivimos según el espíritu, andemos también en el espíritu» (Gal 5, 16-25). ¡Palabras de san Pablo! Y entonces comienza la obra de nuestra santificación, de nuestra imitación de Cristo, de nuestra sumisión a una *nueva ley, la ley de la libertad, la ley de Cristo.* «Ayudaos mutuamente a llevar vuestras cargas, y así cumpliréis la ley de Cristo» (Gal 6, 2). Y en la epístola de Santiago se habla de la ley perfecta de la libertad, de la ley real: «Comportaos en vuestras palabras y actos como los que son responsables a la ley de la libertad» (Sant 1, 22-25; 2, 5-13). Así sucedió lo paradójico: la prueba de la liberación de la ley se da en la realización de la ley de la libertad. La libertad cristiana no es simplemente ausencia de la ley, ni mucho menos desenfreno, ausencia de obligación. San Pablo nos previene expresamente de ello. La libertad cristiana no es estar exento de toda obligación. Según san Pablo, la libertad cristiana no da el derecho, ni siquiera al auténtico esclavo de su época, a negar la obediencia a su señor y marcharse. La libertad cristiana es ante todo algo *interior, espiritual,* es la liberación del propio yo, de la esclavitud del pecado y de los instintos; es crucifixión de los propios gustos y deseos, es entrega y vida en Cristo. La frase de san Pablo de la misma epístola a los Gálatas: «Y ya no vivo yo, es Cristo quien vive en mí» (Gal 2, 19), expresa la plena libertad.

La libertad cristiana es el cumplimiento de la ley de Cristo por un libre amor, es cumplimiento de la ley del amor de Dios y del amor al prójimo (Sant 2, 11). El amor es el modo más perfecto de unión de la ley y la libertad, la soberanía y la necesidad. En el amor se unen la libertad y la ley; pues el amor es su propia ley. El que ama no puede obrar más que por amor y, no obstante, es libre.

La libertad cristiana no llega a su plenitud aquí en la tierra, y por ello no es perfecta. Es una libertad en espera, en la esperanza de la libertad definitiva de los «hijos de Dios» en la gloria del Padre.

III

DOGMA Y LIBERTAD

Después de haber llevado a cabo, en los dos capítulos precedentes, la necesaria labor de preparación, llegamos a nuestro tema central: la ley y la libertad en el catolicismo, *la ley y la libertad en la Iglesia católica.* El contraste de ley y libertad que se da en todas las formas de vida y se manifiesta también en la revelación cristiana, en la Sagrada Escritura, lo encontramos en la Iglesia de un modo muy marcado. Es evidente que la Iglesia, en tanto que forma exterior de organización del reino de Cristo en la tierra, implica en gran parte obligación, ley, autoridad. Si esta afirmación es válida en algún modo para toda comunidad eclesiástica en la medida en que no se disuelve en lo puramente invisible y espiritual, con más razón lo es en el caso de la Iglesia católica romana. Analicemos brevemente el concepto católico de *Iglesia.*

La Iglesia católica se comprende a sí misma como creación y fundación inmediata de Jesucristo. Pero no significa esto que su fundador, Cristo, esté simplemente al frente de su Iglesia, como es el caso a menudo en comunidades puramente humanas, sino que Cristo mismo entra de manera misteriosa en su fundación, la crea interiormente y está presente en ella. La Iglesia católica es, según el sentido de lo expuesto en las epístolas de san Pablo, el cuerpo de Cristo (1 Cor 12, 12), Cristo que sigue viviendo entre nosotros, la plenitud de Cristo (Ef 1, 10 y 23). O sea, que Cristo y la Iglesia están íntimamente unidos. En Cristo hemos de conocer, pues, la esencia de la Iglesia.

Cristo es Dios y hombre al mismo tiempo. Tiene dos naturalezas en la unidad de su persona divina; una visible, humana, y otra invisible, divina. Cristo posee una naturaleza divina y otra humana. Algo semejante puede decirse de la Iglesia. En ella vive y actúa Cristo. Ella es su continuación en el tiempo y en el mundo. En ella se refleja, por lo tanto, la esencia, la doble naturaleza de su fundador. Hablamos de los dos aspectos de la Iglesia una; un aspecto visible, humano, exterior, que corresponde a la naturaleza humana de Cristo, y otro aspecto invisible, interior, divino, en el que se refleja la naturaleza divina del Señor. Ambas facetas existen y, naturalmente, no pueden separarse de modo tajante, así como tampoco puede determinarse matemáticamente en Cristo qué debe atribuírsele como Dios y qué como hombre. No obstante, hay cosas, exteriorizaciones de vida y formas de manifestación de la Iglesia que han de atribuirse más a su lado humano, visible, y otras en cambio pertenecen al lado divino, invisible.

En el centro del aspecto *invisible, divino* de la Iglesia, que ante todo es misterio, está la comunión de vida entre Cristo y los cristianos, es decir, la vida *de* la gracia. Este aspecto no es asequible a la investigación puramente histórica, sólo se puede llegar a él por medio de la fe. De esto se deduce una consecuencia importante. Aunque a la Iglesia, en tanto que órgano visible, se le puede aplicar la medida de la historia y de las ciencias sociales y aparece como una sociedad perfecta al lado del Estado, no deja de ser ésta una consideración superficial y unilateral, que nunca puede corresponder a la esencia de la Iglesia. El que juzga a la Iglesia desde fuera y con medidas naturales, nunca la conocerá, pues sus moradas interiores le quedan cerradas, sólo contempla la fachada, los muros exteriores. Ve algo, pero la esencia le queda oculta. Sólo quien vive en la Iglesia, es miembro de ella y la juzga con los ojos de la fe, puede apreciarla debidamente y comprenderla como se comprende a sí misma. La Iglesia se comprende a sí misma como misterio, y esto la pone en una situación desfavorable ante el no creyente, a quien esta posición ha de parecer arrogante por sus pretensiones y exigencias. Sin embargo, aun examinándola detenidamente no se puede atribuir a la Iglesia una constitución semejante a la de otras instituciones de este mundo ya que no acaba, ni mucho menos, en su organización. Pues, aunque la Iglesia parece tener, para los que la contemplan desde fuera, una constitución aristocrático monárquica que atribuye todas las iniciativas al papa y a los obispos, los cuales reciben sus plenos poderes de Dios y no gobiernan como representantes de la voluntad del pueblo, sin embargo, estos gobernantes son, al mismo tiempo, «creyentes» que no hacen su propia voluntad, sino que desempeñan su cargo en dependencia absoluta de la verdadera cabeza de la Iglesia, y esta cabeza es Cristo glorificado, y sólo Él puede decir en el pleno sentido de la palabra: *L'Église c'est moi,* «La Iglesia soy yo».

La Biblia, sobre todo el Nuevo Testamento, contiene símbolos de la Iglesia que en su mayor parte aluden al misterio de la Iglesia y dejan adivinar la cara invisible de la misma, pero designan también su visibilidad. En este sentido aparece la Iglesia como cuerpo de Cristo, como vid y como esposa de nuestro Señor.

La Iglesia representa también la *humanidad visible* de Cristo. Lo hace de muchas maneras. Ya el misterio íntimo de la gracia se manifiesta exteriormente por los sacramentos, que son signos visibles por los que nos encontramos con Cristo y por los que la Iglesia se edifica constantemente, se vive a sí misma y se realiza desde el interior. La humanidad de la Iglesia se manifiesta en los miembros, que son hombres visibles y falibles y como tales pertenecen a la Iglesia y forman el cuerpo de Cristo. También la predicación de la palabra es visible y audible, y Dios mismo entregó su revelación a la Iglesia en un libro, la Biblia, que es la expresión escrita de la palabra de Dios; y en lo que se refiere a los libros del Nuevo Testamento, debe considerarse como una realización de la vida de la Iglesia, una manifestación de la conciencia de sí misma.

Finalmente, pertenece a la Iglesia visible la *organización exterior, la jerarquía.* Creemos que Cristo mismo quiso la jerarquía en su forma y grados esenciales y constituyó la Iglesia con respecto a dicha jerarquía. Con esta expresión designamos, al papa, los obispos y los sacerdotes. En virtud de la vocación divina y los plenos poderes recibidos de Dios, son portadores de la autoridad apostólica, sucesores de los apóstoles, y han de gobernar la Iglesia por mandato de Cristo. O sea, creemos en una autoridad de derecho divino y esta autoridad se transmite por sucesión apostólica. Cristo mismo la funda al crear un colegio apostólico de doce hombres y le da una cabeza visible en la persona de san Pedro. Este hecho es importante: muestra que la obra de Cristo está vinculada a las personas y no se apoya sólo en la mera letra muerta. Cristo quiere la tradición viva, la palabra debe ser transmitida por personas. Con ello piensa y obra claramente en el sentido del Antiguo Testamento. El Antiguo Testamento conoce la jerarquía que procede de Dios y el principio de sucesión. La imposición de las manos era un rito conocido y frecuentemente practicado para la transmisión de los poderes. Por tanto, la Iglesia ha recibido de Cristo y a través de los apóstoles una *constitución colegial y* visible. Se habla de constitución monárquica, haciendo referencia a san Pedro y a su autoridad. No obstante, nunca debe considerarse a Pedro sin los apóstoles, al papa sin los obispos. El colegio episcopal corresponde al colegio apostólico, y no es, en modo alguno, algo secundario. La primacía del obispo de Roma en este colegio corresponde a la primacía de uno, de Pedro. En esta primacía, más o menos acentuada, se funda la unidad de la Iglesia. Su manera histórica de manifestarse varía desde una forma en la que dicha primacía queda casi del todo velada, hasta su acentuación exagerada.

Todo lo que sigue y lo que tendremos que decir aún sobre nuestro tema, «ley y libertad en el catolicismo», sólo puede entenderse teniendo en cuenta lo dicho. Pues a esta Iglesia visible e invisible, tal como la hemos expuesto, se refieren las palabras de Cristo en el evangelio: «El que a vosotros oye, a mí me oye; y el que a vosotros desecha, a mí desecha; y el que me desecha a mí, desecha al que me envió» (Le 10, 16). «El que a la Iglesia desoye, sea para ti como gentil o publicano. En verdad os digo: cuanto atareis en la tierra, será atado en el cielo, y cuanto desatareis en la tierra, será desatado en el cielo» (Mt 18, 17-18). Y, finalmente, las palabras dichas a san Pedro: «Tú eres Pedro...» (Mt 16, 18-19), y la misión: «Me ha sido dado todo el poder en el cielo y en la tierra; ...yo estaré con vosotros siempre, hasta la consumación del mundo» (Mt 28, 18-20).

De todo ello se ve claramente que no existe otra autoridad en el mundo que esté definida más claramente, mejor fundada y más respetada, que la autoridad eclesiástica en el catolicismo, hecho reconocido sea en forma de alabanza o como serio reproche, incluso por los no adictos a la Iglesia. Y no existe otra autoridad que sea aceptada por tantos hombres, incluso interiormente, con toda sinceridad, con recta intención y amor, como la autoridad de esta Iglesia. Pues en ella ve el católico la expresión de la voluntad de Dios; sus ministros son para él enviados de Cristo y, a pesar de todas sus debilidades humanas, están investidos desde arriba con poderes sobrehumanos. Además, la jerarquía dentro de la Iglesia católica está definida con toda claridad y puede ser nombrada por cualquier niño que sepa el catecismo. Está formada por el papa y los obispos unidos a él. Todo esto no puede ser producto y resultado de un desarrollo puramente histórico, aunque también los factores históricos desempeñan una importante función. Tampoco puede ser el resultado de proseguir conscientemente un fin por una diplomacia prudente. Tampoco cabe pensar que una ambición de poder político, bajo el gobierno de Roma, haya dado frutos tan brillantes. Todo esto no hubiera bastado seguramente para mantener la autoridad eclesiástica durante dos milenios y conservar la forma monárquica de la constitución de la Iglesia en épocas en que el pueblo se inclinaba por constituciones muy diferentes a la monarquía. También carece de fundamento la afirmación de que hombres débiles y faltos de convicción buscan en ella un apoyo firme y sólido, sobre todo si se tiene en cuenta que entre el gran número de personas que se convierten a la fe católica hay grandes e ilustres figuras.

Es un hecho evidente, y la experiencia lo demuestra, que la autoridad de la Iglesia católica romana es un poder moral fuerte en este mundo. Y la autoridad la posee una jerarquía clara e inequívocamente definida. Según la fe de la Iglesia, esta autoridad radica en la misma voluntad de su Fundador y, por lo tanto, es intangible en sus líneas principales y en su carácter esencial.

La autoridad, la *ley* de la Iglesia se manifiesta ante todo en dos grandes campos: primero, en la *predicación de su doctrina,* y luego en su *disciplina;* o, dicho de otro modo, la autoridad de la Iglesia se manifiesta en la función *docente* y en la función *pastoral;* es decir, con referencia al dogma, o sea la doctrina, y con relación a la moral, o sea la vida. Habla en materia de fe y de costumbres, e incluso reivindica, en ciertas condiciones, la infalibilidad. Proclama el contenido de la fe y exige a sus miembros el consentimiento a esta fe; proclama las normas de la ley natural y de la vida moral, da prescripciones y preceptos y exige la obediencia de los creyentes. Esta autoridad nos habla de dogmas, de verdades de fe definidas claramente y formuladas de modo inequívoco; impone preceptos, severas obligaciones en cuanto a la conducta y forma de vida. Tiene también una disciplina, un derecho canónico y crea prescripciones legales humanas. Finalmente, puede imponer castigos a aquellos que, libremente, no quieran obedecer y someterse. En realidad, es algo inaudita si se piensa que todo esto se hace en nombre de la libertad cristiana, en nombre de la religión, que atañe a nuestro modo de ser más personal, a nuestra relación espiritual con Dios. Una autoridad tan rigurosa en cuestiones de fe y moral, ¿no significa acaso una violación de la majestad de la verdad y de la majestad de la conciencia? ¿Puede seguir hablándose de libertad religiosa y de conciencia? ¿No se adultera de esta forma la misma esencia de la libertad humana? ¿Habrá que deducir de aquí que en la iglesia católica no existe libertad religiosa y moral?

Así se plantea el *problema* que al hombre de hoy se presenta con todo su peso y con dolorosa evidencia, cuando ve, por ejemplo, que la Iglesia aun actualmente —sin respetar el espíritu de la época— pone en el índice libros de autores célebres, pronuncia excomuniones, dicta severos preceptos que atañen a distintas esferas de la vida, como son la familia, el matrimonio, la pureza, la educación, etc., y, finalmente, para mayor escándalo, define infaliblemente un nuevo dogma.

Merece la pena examinar más detenidamente este problema, que muchos católicos, conscientes de su responsabilidad, sienten hondamente. Queremos hacerlo paso a paso, confrontando la autoridad de la Iglesia, tal como se manifiesta en las citadas esferas de la vida, con las exigencias de la libertad humana, y de esta forma llegar a una solución.

Empecemos por el problema parcial de *dogma* y *libertad.* Nos preguntamos cómo se relaciona la autoridad dogmática de la Iglesia con la libertad humana; cómo puede darse al mismo tiempo la libertad del pensamiento humano y la predicación autoritativa de la fe, especialmente la de los dogmas infalibles. ¿Tiene la Iglesia el derecho de exigir una obediencia incondicional en materia de fe en los dogmas por ella definidos, hasta el punto de declarar anatema al que no quiera aceptarlos, esto es, de disponer su exclusión de la comunidad? ¿Podemos afirmar, a pesar de todo, que semejante consentimiento a la fe es libre? ¿Puede darse aún, junto a esta autoridad del magisterio, una investigación libre, científica, una ciencia teológica carente de prejuicios? Parece que tales cadenas hacen imposible todo trabajo fructífero. Para llegar a la solución de estos difíciles problemas son necesarias algunas reflexiones previas, a cuya luz se podrán contestar las preguntas concretas.

1. ¿Cuál es en realidad la misión de la autoridad de la Iglesia en lo que se refiere al dogma? La autoridad de la Iglesia en materia de dogma tiene la misión, según la voluntad de Dios, de ser *guardián de la verdad.* Nos referimos en primer lugar a las verdades *sobrenaturales, reveladas,* a las que muchas veces están íntimamente unidas *verdades naturales.* Es la Iglesia, y no el individuo, quien administra el tesoro de la fe, el *depositum fidei,* y tiene la misión de exponerlo, explicarlo y anunciarlo, pero también de guardarlo y defenderlo. Se trata en principio de una autoridad querida por Dios, instituida por Cristo y ejercida por

la Iglesia de la época apostólica. *El objeto de este magisterio es la verdad,* una verdad que Dios dio a los hombres, exigiendo la fe y obediencia absolutas a la misma y que es necesaria para la salvación del hombre. «El que cree, se salvará, mas el que no cree, se condenará» (Me 16, 16). Creer significa también, entre otras cosas, aceptar la verdad revelada. Por tanto, es cierto que la Iglesia en tanto que Iglesia de Jesucristo no ha usurpado el magisterio, sino que detrás de él está la voluntad de su Fundador, quien encomendó a la Iglesia su misión docente dándole al mismo tiempo autoridad para enseñar.

A esto se añade una *segunda* afirmación: el objeto de esta autoridad docente transmitida por Cristo a su Iglesia es la *verdad.* Ante la verdad, empero, el hombre sólo posee una libertad limitada en el sentido de que la verdad obliga. Esta afirmación no sólo vale para la verdad revelada, sino también para toda verdad natural puramente filosófica. La verdad se define como *adaequatio rei ad intellectum,* «conformidad del objeto con el intelecto». Verdad significa, por lo tanto, una relación de mi mente con la realidad. La realidad tiene un ser objetivo, una existencia y una forma totalmente independientes de mí y de mi pensar. Por consiguiente, la verdad es expresión de una realidad claramente definida en tanto que se presenta a mi mente y yo tengo la obligación incondicional de poner mi mente, mi pensar en conformidad con este objeto, de afirmarlo tal como es. La verdad es un estado fundamental del ser y en lo esencial no depende de mí, sino yo de ella. De este modo el objeto necesario y natural de mi entendimiento es esta verdad, que en último término es expresión de la realidad. La verdad está en la naturaleza de las cosas, y yo no tengo el derecho de violar esta naturaleza aunque ello me sea físicamente posible por mi libertad. La verdad es obligación, la falsedad nunca es lícita. Cuando Libremente me aparto de la verdad y dirijo mi entendimiento hacia una falsedad no obro con auténtica libertad, sino que abuso de ella. Soy realmente libre cuando busco la verdad exclusivamente y desde lo más íntimo de mi libertad con toda mi personalidad, y cuando la sostengo y confieso en todas las circunstancias y aun a costa de los mayores sacrificios. Existe pues la obligación absoluta de conocer y confesar la verdad, la cual no quita la libertad, sino que la crea. «La verdad os hará libres», dice la Biblia (Jn 8, 32).

La *tercera* afirmación, que se deduce de la anterior, es que en relación a un mismo objeto existe una sola verdad. En relación a una misma cosa, a un mismo acontecimiento, etc., no hay una doble verdad, ya que ello estaría en contradicción con la primera ley del pensamiento, evidente por sí misma: «Una cosa no puede ser y no ser al mismo tiempo y bajo el mismo aspecto» (principio de contradicción). Dicho con otras palabras: una cosa no puede ser y no ser al mismo tiempo y bajo el mismo aspecto blanca y negra. Yo no puedo estar y no estar aquí al mismo tiempo. No puedo hablar y no hablar a la vez. Siendo la verdad expresión del ser, es evidente que no puede haber dos o más verdades acerca del mismo ser, considerado desde el mismo punto de vista. Este hombre o es alto o no es alto, no puede ser las dos cosas al mismo tiempo. Dios o creó el mundo o no lo creó, etc. Por tanto, si existe una sola verdad, es evidente que esta verdad me obliga en toda su dimensión.

En *cuarto* lugar, cabe considerar que, además de la verdad *natural,* que puedo controlar con mi entendimiento y que puedo demostrar, existe la posibilidad de la verdad *sobrenatural* presentada por la revelación, de cuya autenticidad puedo estar absolutamente seguro y convencido por la autoridad de la persona que hace dicha revelación, aunque no llegue a conocerla en su estructura íntima. En estas verdades, la demostración queda sustituida por la autoridad. Si se demuestra la existencia de esta autoridad y el hecho de que ha pronunciado determinadas verdades, resulta evidente que también esta verdad sobrenatural tiene derecho absoluto a ser aceptada y yo tengo la obligación de afirmarla. En la verdad natural la aceptación por parte del entendimiento se llama «saber» —yo sé—; en la verdad sobrenatural se llama «fe» —yo creo—. Ambas verdades, la natural y la sobrenatural, son esencialmente lo mismo: la expresión de una realidad. En la dimensión limitada de mi entendimiento radica la diferencia entre la fe y el saber.

Con relación a la verdad de fe hay que considerar dos cosas. La verdad de fe no debe quedar petrificada en un dogma, y su aceptación no debe reducirse a un estéril «tener por verdadero». *La verdad de fe es verdad de salvación,* y por ello lleva siempre al creyente desde la esfera de cierta falta de obligación y de una fría objetividad, a la decisión y con ello a la participación subjetiva y a la obligación. Más importante todavía es el hecho de que toda verdad de fe tiene en último término un *carácter personal,* esto es, apunta más allá de sí misma, más allá de su mero enunciado. Así, por ejemplo, la verdad «Hay un solo Dios...» apunta a la persona del mismo Dios y la persona del gran Revelador, Cristo, que se llamó a sí mismo la Verdad (Jn 14, 6). Cristo está en cada dogma y detrás de cada dogma y, en última instancia, a Él va dirigida la entrega de sí mismo que por la fe hace el hombre. Esto no debe movernos a quitar importancia al enunciado de un dogma y a descuidar con exagerada subjetividad las estructuras objetivas de la revelación hecha por Dios, que se expresan mediante la fórmula dogmática (con medios humanos e imperfectos, naturalmente). Por tanto, el objeto de la fe es Dios mismo en cuanto verdad eterna, tal como se revela por mediación de su Hijo.

De estas cuatro afirmaciones se deduce que, si la Iglesia es custodio de la verdad y esta verdad es expresión de una realidad sobrenatural y que sólo puede existir una verdad acerca de esta realidad, entonces, en nombre de esta verdad, la Iglesia tiene pleno derecho a exigir el consentimiento a la misma. Este consentimiento se refiere en primer lugar a la verdad sobrenatural y entonces se llama fe. En segundo lugar, se refiere también a aquellos hechos naturales que están relacionados íntimamente con la verdad sobrenatural, con el dogma. Tal consentimiento no se dirige en última instancia a la Iglesia, sino a Dios. Por consiguiente, el hombre que está obligado a creer puede exigir alguna prueba precisa, histórico filosófica acerca de la existencia de Dios, de que este Dios ha revelado unas verdades y de que la Iglesia, como depositaria instituida por Dios, anuncia dichas verdades. Y esta prueba se da en la apologética, la ciencia de los fundamentos de la fe. Si realmente se da esta prueba, la verdad revelada y anunciada por esta Iglesia debe ser creída y obedecida. Todo lo demás es abuso de la libertad.

De la esencia de la verdad misma, así como de la obligación del hombre de aceptar esta verdad, proviene el derecho de la Iglesia de anunciar autoritativamente la verdad sobrenatural de la revelación —demostrable históricamente— e imponerla al hombre. Si lo hace mediante una definición concreta, claramente formulada, pronunciada en forma solemne por el sumo pontífice o presentada por un concilio, entonces llamamos a esta verdad *dogma* en sentido estricto y es fruto del magisterio extraordinario. Sin embargo, las más de las veces es el magisterio ordinario de la Iglesia el que transmite la revelación, mediante la predicación de los obispos y sacerdotes. Por esta actividad docente, la libertad del hombre queda limitada en un sentido meramente físico, pero en realidad aumenta, ya que el hombre, al aceptar el dogma con libre obediencia, recibe una nueva verdad, penetra en una nueva realidad y, por tanto, se enriquece. De este modo participa de una nueva verdad que de lo contrario le hubiera quedado velada; y nadie puede afirmar razonablemente que una nueva verdad, un saber más amplio, un espíritu más lleno, limite la verdadera libertad del hombre. Después de estas *reflexiones básicas,* vamos a tratar algunas cuestiones puramente prácticas.

2. Primeramente trataremos de algunas cuestiones acerca de la autoridad dogmática del magisterio, de cuya esencia hemos tratado ya; luego de algunos problemas que plantea la libertad dentro de esta autoridad.

a) El *magisterio de la Iglesia* implica un claro compromiso, una ley que obliga. Pero es un compromiso con la verdad realizado por la autoridad eclesiástica en nombre de Dios, y este compromiso con la verdad no significa una limitación de la libertad humana, sino su encauce hacia el objeto natural de todo pensar humano, hacia la verdad. Si al llegar a un cruce un poste indicador me señala la verdadera dirección, no limita mi libertad, sino que la encauza. Por consiguiente, toda equivocación significa sujeción, quebrantamiento de la verdadera libertad que por naturaleza quiere la verdad y el bien. La autoridad dogmática de la Iglesia es una gracia muy grande, un regalo de la divina Providencia, y ella sola garantiza la unidad de la fe en la comunidad eclesial. Si falta esta autoridad, falta el principio ordenador, la seguridad última, la suprema instancia que en los casos dudosos pronuncia la decisión definitiva, la última palabra. Si falta esta autoridad, la escisión y la formación de sectas es inevitable. Mas, si una comunidad eclesial llega hasta el punto de tolerar en su seno verdades distintas que se contradicen mutuamente, puede darse por perdida. Cae en una contradicción interna y se opone a la ley fundamental del pensamiento, al principio de contradicción.

La necesidad de una vinculación a la verdad se hace aún más apremiante por el hecho de que el hombre tiende fácilmente al error. La capacidad del hombre para el error es muy grande, como queda demostrado sobradamente por la historia de la filosofía. Ello es una consecuencia de su condición de criatura y una consecuencia del pecado. Mil factores, controlables o no, factores externos e internos, influyen en nuestro pensamiento: la pasión y el carácter, la educación y el ambiente, la tradición y la historia. ¿Podía Dios confiar las verdades más grandes, de mayor trascendencia, necesarias para la salvación, al débil espíritu humano sin ponerles límites? ¡No! El magisterio de la Iglesia es la autoridad suprema, instituida por Dios, y cuya verdad es garantizada por el Espíritu Santo.

De lo dicho proviene también el concepto de *intolerancia dogmática,* que tantas veces se reprocha a la Iglesia. Esta noción deriva necesariamente de la misma esencia del objeto. La Iglesia no puede reconocer y tolerar verdades de fe contrarias entre sí, porque esto significaría afirmar al mismo tiempo verdad y error, luz y oscuridad. Con la persona equivocada se debe ser indulgente y bondadoso; con el error, en cambio, no se puede pactar, hay que rechazarlo terminantemente y luchar contra él. Por esto la Iglesia ha luchado en todo tiempo contra las herejías y las ha condenado. Las cartas de los apóstoles están llenas de expresiones muy fuertes contra el error y la lucha contra las herejías ha tenido siempre un papel muy importante en la historia de la Iglesia.

Del deber con la verdad proviene el deber de obediencia a la fe. La verdad tiene el derecho de ser reconocida, y el hombre tiene el deber de aceptarla. Por ello la Iglesia exige nuestra fe en nombre de la verdad y quien niegue esta fe, aunque sólo sea en una enseñanza, deja de ser católico. Si niego un solo dogma del credo católico con plena conciencia, ya no soy miembro de mi Iglesia, porque peco contra la autoridad del Dios revelador que está detrás de cada una de las verdades y con ello niego indirectamente todas las demás. Naturalmente, otra cosa es cuando no sé que se trata de una verdad revelada y cuando considero una doctrina como mero objeto de controversia teológica que, por tanto, no obliga. La verdad está por encima de mí, es un poder superior y debo inclinarme ante ella. La verdad y la pureza de la doctrina son tan importantes para la Iglesia, que ha de defenderlas a toda costa y no puede sacrificarlas nunca al antojo personal. Al servicio de esta pureza de la doctrina, la Iglesia puede ejercer un poder penal de índole espiritual. Incluso existe en ella una congregación cuya misión es velar por la pureza de la fe. Sólo puede comprender esto aquel que coloca la verdad por encima del juicio de los hombres y que sabe que la verdad libera. No es lícito trastocar los términos partiendo de un falso concepto de libertad y poner al hombre por encima de la verdad dejándole la libertad de creer y defender también el error. Semejante libertad de fe no existe. El error no tiene derechos, la verdad empero es, en último término, Dios mismo.

Tendría que ser de suyo evidente que, *junio a la verdad está el amor;* sin embargo, su relación recíproca significa no pocas veces tensión y conflicto doloroso, y no siempre la Iglesia ha sabido encontrar el verdadero equilibrio en este sentido. Con frecuencia el amor se ha sacrificado a la verdad de manera irresponsable, siendo éste uno de los mayores peligros del magisterio de la Iglesia. Precisamente hoy, al existir una tendencia general a la reunificación y a la unidad en la fe y en el pensamiento cristianos, se hace absolutamente necesario que la Iglesia católica, de la misma forma como se esfuerza por mantener la ortodoxia de la fe, se esfuerce también por emprender caminos distintos de los seguidos a veces en el pasado. La excomunión y el índice ya no nos parecen ser medios apropiados.

b) No obstante, la autoridad del magisterio de la Iglesia no se manifiesta de forma que no permita, dentro de las grandes directrices claramente trazadas, la *libertad de exposición,* de investigación científica, de discusión y de manifestación de la opinión personal, en una medida nunca sospechada por un extraño. La teología católica conoce una *evolución del dogma,* un desenvolvimiento progresivo y muy interesante del *depositum fidei.* Sabe que las formulaciones ciaras, dogmáticas del magisterio, las cuales no son tan frecuentes como comúnmente se cree, no aclaran todos los problemas, ni mucho menos, y dan lugar a fuertes discusiones en puntos esenciales. Existen ciertamente directrices fundamentales; la esencia de los hechos principales de la revelación está fijada. Sin embargo, su *cómo,* su esencia íntima y su motivación, la forma como están contenidos en las fuentes de la revelación, constituyen otros tantos campos de investigación para la ciencia teológica. Hoy tenemos la evidencia de que un enunciado dogmático nunca puede ser exhaustivo, que necesita ser siempre completado y perfeccionado y que tal complemento y perfeccionamiento ha de realizarse partiendo de un conocimiento cada vez más profundo de la Escritura. Sabemos que a veces las Iglesias separadas poseen ciertas verdades en una forma más perfecta y más clara que la Iglesia católica romana, y que en este sentido nosotros hemos de aprender de ellas. Por esto, bajo el signo del ecumenismo se han derrumbado fronteras y se han abierto ventanas sin que por ello peligre ni deban o puedan ser sacrificados los bienes esenciales de la fe. No obstante, hoy en día nos inclinamos a abordar las cosas con más cuidado, a fin de darnos cuenta de la plenitud y de la inmensa riqueza de la revelación divina, que ninguna fórmula es capaz de expresar en su integridad. Conscientes de ello juzgaremos con menos precipitación y hablaremos más detenidamente y con mayor perseverancia los unos con los otros.

Si la discusión en el ámbito católico amenaza con desbordar y pone en peligro los bienes de la fe, es entonces cuando interviene la Iglesia. Lo hace en raras ocasiones. La última intervención famosa fue la encíclica *Humani generis* (1951).

No obstante, la Iglesia quiere las disputas teológicas, la discusión fecunda, quiere las distintas escuelas teológicas, como son, por ejemplo, las de los jesuitas, de los dominicos y de los franciscanos, y edificó para ellos universidades en Roma. Elevó a los altares a un san Agustín y a un santo Tomás, permitiendo con ello la entrada en su filosofía de las tendencias platónica y aristotélica. Venera a los padres de la Iglesia griegos y latinos a pesar de los matices, a veces muy distintos, de sus concepciones teológicas. Admitía ya en los primeros tiempos las dos grandes escuelas de Antioquía y Alejandría, que a menudo estaban en fuerte oposición una con la otra; admite también hoy centros de enseñanza superior de teología de tendencia tradicional y otros de tendencia más bien avanzada y liberal.

Al lado del teólogo especializado, también el laico tiene derecho, en cierta medida, a sostener una discusión y manifestar su opinión en círculos y reuniones, en revistas y en encuentros personales. Lo hará, no obstante, con prudencia y tendrá presente siempre que en teología, como en todos los demás campos científicos, es el especialista quien tiene la última palabra. Pero al mismo tiempo el laico tiene hoy —época del apostolado laico— el deber de formarse y poseer conocimientos sólidos en el terreno del dogma católico.

De esta forma ambos elementos, bien interpretados y practicados, conservan su significado precisamente en la relación entre sujeción dogmática y libertad personal, con lo cual se respeta el primado de la verdad.

Uno de los males más graves y más peligrosos de nuestro tiempo es que los hombres hayan perdido el sentido, la pasión y la disposición para la verdad. Ello es consecuencia del relativismo moderno, que en lo religioso se manifiesta en el hecho de dar a todas las religiones el mismo valor, diciendo que no importa lo que se cree si se vive correctamente. Esto es un error. Sólo debo creer la verdad, lo que es, y tengo la obligación de creer la verdad. El hombre no puede permanecer conscientemente en el error. A causa de la verdad y por amor a ella, los mártires han ido a la muerte.

La verdad libera, aun cuando el hombre, por un falso concepto de la libertad, es fácil que la experimente como sujeción. Todo depende, pues, de que tengamos un justo concepto de la verdad. Dogma y libertad no se contradicen. El dogma crea libertad al preservarnos del error y al mismo tiempo, como que se refiere a verdades de nuestra salvación, asegura el camino del hombre hacia Dios, camino que aquél ha de recorrer con la libertad del amor.

IV

MANDAMIENTO Y LIBERTAD MORAL

El contraste entre ley y libertad se manifiesta en el ámbito de la Iglesia católica de distintas maneras. Se hace patente en los más diversos campos de su extensa y polifacética actividad. No obstante, podemos hablar de dos grandes campos en los que dicho contraste aparece de modo especial: son el dogma y la moral, la doctrina y la vida, el magisterio y la pastoral. Aquí sobre todo se manifiesta la autoridad de la Iglesia y se encuentra —a veces incluso como poder hostil— con la Libertad humana. Ya hablamos del primer encuentro, del encuentro entre dogma y libertad, entre la autoridad eclesial en materia de fe y su relación con el ansia de libertad del hombre. Estudiamos entonces ante todo el concepto de la *verdad* y, a partir de su esencia, intentamos dar una respuesta al problema.

Y ahora llegamos al segundo campo en que se manifiesta la tensión entre ley y libertad, al campo de la moral, de la vida cristiana. Junto a la verdad, al *verum,* aparece la *bondad,* el *bonum* del mandamiento moral. Además de la autoridad docente de la Iglesia, está su autoridad en el campo de la conducta moral. Surge ahora el problema «ley-libertad» en su forma más aguda, porque se trata directamente de la vida, de la esfera más personal del hombre, de la configuración práctica de su existencia. Para el cristiano corriente, y por lo que se refiere a su vivir concreto, la sujeción a la doctrina, al dogma, es un problema más bien teórico; no afecta de modo inmediato a la vida práctica y por consiguiente no excita los sentimientos y pasiones.

De aquí que, en el campo del dogma, La sujeción a la verdad pueda ser juzgada con mayor claridad y objetividad, siendo considerada por muchos como necesaria y justificada. E incluso resulta fácil demostrar que es una verdadera bendición, un signo de la unidad, una base segura en el enjambre de opiniones y sistemas. Además, el hombre honrado y de buena voluntad sabe que no entiende en cosas de dogma, que no es especialista, y deja lógicamente la decisión a los especialistas, a los teólogos de la Iglesia. Por tanto, para el católico medio, las dificultades personales en cuanto al dogma serán raras.

Esto cambia totalmente en la esfera de la moral. En ella se trata directamente de la vida cristiana, de la vida práctica, de la organización de mi vida en todas sus dimensiones, de mis pensamientos, palabras y obras, de mi relación con Dios, con el prójimo y conmigo mismo, de mi trabajo y de mi diversión, de mi matrimonio y de mis hijos, de mi dinero y de todos mis bienes, o sea, de realidades que atañen profundamente al núcleo de mi personalidad. Cuando la Iglesia me dice que en Dios hay tres personas, normalmente lo aceptaré sin grandes conmociones, lo creeré. Pero cuando me dice: «No cometerás acciones impuras», no lo veo ya tan sencillo. En mi matrimonio, en relación a mis instintos, en mil ocasiones y peligros, me doy cuenta casi todos los días de que aquí se trata de una ley dura que sólo se puede cumplir con mucha lucha y autodisciplina. Mi temperamento, mis afectos, tienen gran importancia en estos casos. Por esto es mucho más fácil y mucho más frecuente incurrir en un pecado contra la pureza que en un pecado de duda o incredulidad, cometido con plena libertad, acerca del dogma de la Santísima Trinidad.

Por el mismo motivo, prescindiendo de las definiciones solemnes de los dogmas que, por su misma naturaleza, son raras, una proclamación de la Iglesia o una alocución del papa sobre cuestiones dogmáticas no tendrá gran resonancia, excepto entre los teólogos. Estamos ya muy lejos de aquellos tiempos en que la gran masa del pueblo discutía apasionadamente, en las calles y plazas de Éfeso, el dogma de la maternidad divina de

María. Tales discusiones hoy en día sólo se dan en centros de estudio, en cátedras de enseñanza superior y en círculos cultos. Pero el papa habla, aunque sólo sea en una audiencia, acerca de cuestiones de teología moral, da muchas veces pie a fuertes discusiones y luchas que tienen su eco incluso en la prensa diaria. Como ejemplo clásico, sólo mencionaremos la alocución sobre moral familiar y procreación que el papa Pío XII pronunció el 29 de octubre de 1951 con motivo de un congreso de comadronas. En esta ocasión habló el papa del matrimonio y de sus obligaciones, del control de nacimientos, de la esterilización y del aborto, y la resonancia en sentido positivo y negativo fue tan grande, tanto por parte de los católicos como de los no católicos, que fue necesaria una segunda alocución del papa. Se dirigen duros reproches a la Iglesia por atreverse a dar normas concretas acerca de cuestiones tan íntimas y pretender que su autoridad llegue hasta el lecho matrimonial. El hombre moderno tolera mal que alguien se inmiscuya en su vida privada, le pida que domine sus instintos y que mantenga en orden sus pensamientos; soporta mal cuando se le quiere prohibir la lectura de ciertos libros o ciertas revistas. En su vida privada personal, cree ser autónomo y exige plena libertad por lo menos en este terreno. No se admite que la Iglesia aún se atreva a dirigir todas las esferas de la vida humana, a inmiscuirse en todas partes y hacer valer su poder en todos los terrenos: en política y economía, en la ciencia y en el arte, en pedagogía, en las playas y piscinas, en la moda y el deporte. Se considera esto como una *coacción* propia de la edad media, se reclama la *libertad de conciencia*.

Con ello hemos planteado el *problema* en el orden práctico. Ahora nos preguntamos: ¿Cómo se relaciona la autoridad de la Iglesia en cuestiones de moral con la libertad humana? ¿Cómo pueden coexistir? Hemos de avanzar también aquí paso a paso, yendo de lo general a lo particular, para poder presentar, aunque sólo sea en síntesis, una solución a tan difícil problema. Las preguntas prácticas sólo las podremos contestar al final. Primero estudiaremos las bases teóricas, los fundamentos. Empezaremos por examinar el problema *desde arriba,* desde la autoridad, y por exponer los fundamentos, la justificación, y señalar también los límites de la misma; luego, en el capítulo v, partiendo *de abajo,* de la libertad humana, hablaremos sobre la conciencia y la libertad de la misma.

La autoridad de la Iglesia en relación a la vida humana tiene dos facetas: la Iglesia es, en primer lugar, *intérprete* escogido por Dios *de la ley natural y de la ley divino-positiva* y, corno tal, está profundamente sujeta a esta ley. En segundo lugar, la Iglesia es una sociedad perfecta y tiene el derecho, de la misma forma que el Estado, de formular *leyes humanas positivas* —leyes y preceptos de la Iglesia—, y en este sentido es más o menos *libre.* O sea que, por un lado, la Iglesia expone la ley natural y la ley divino-positiva; por el otro, la Iglesia promulga leyes nuevas, propias, crea el derecho canónico y una disciplina eclesiástica.

Entre estas dos tareas de la Iglesia hay una diferencia enorme que generalmente no se percibe y se reprochan a la Iglesia deficiencias que en toda justicia habría que reprochar a Dios mismo. Esta diferencia señala también dónde empieza la libertad de conciencia, cuándo es lícita una crítica de las prescripciones y cuándo tal crítica hiere a Dios mismo. Y, finalmente, esta diferencia soluciona, en cierta medida, el difícil problema de la obediencia a la Iglesia.

Para ver claramente esta diferencia, hemos de volver a considerar el concepto de *ley y* su *clasificación.* Toda ley es expresión de una realidad superior, es decir, por encima de cada una de las leyes hay un orden superior. Pero este orden superior y último se basa en la misma esencia de Dios. Dios mismo es el supremo legislador y la suprema ley, la norma última del obrar humano; la diferencia entre bueno y malo radica, pues, en último término en su esencia divina. Así la ley tiene también aquí un fundamento personal, es decir, en el obrar moral interviene la relación personal. No se trata sólo de cumplir una ley, de obedecer a una norma o regla impersonal, sino que se trata de cumplir la voluntad de Dios, de servir a Dios en amor y confianza. Esta voluntad de Dios se refleja y expresa en los mandamientos y se da a conocer de dos maneras, por medio de la creación y por medio de la revelación.

En tanto que el *Dios creador* y eterno por el acto de la creación imprimió su voluntad en el mundo, en forma de un orden maravilloso, hablamos de ley natural. En el primer capítulo ya tratamos detenidamente de ello. En tanto que el mismo Dios, como Dios de la revelación bíblica, manifiesta externa y claramente su voluntad en la historia de Israel y en Jesucristo, hablamos de ley divino positiva. Esta ley está expresada en los numerosos códigos y textos jurídicos del Antiguo Testamento, y queda resumida en los diez mandamientos, el decálogo. Pero también la encontramos en la palabra de Cristo y el ejemplo que tenemos más claro de ello es el sermón de la montaña.

Estamos pues ante dos grandes órdenes, el orden de la naturaleza y el de la gracia, de los que Dios mismo es responsable y que la Iglesia, como servidora, sólo transmite, explica e interpreta.

A la ley y derecho divinos se añaden la ley y el derecho humanos; en este caso hablamos de ley positiva humana. La creación de esta ley es tarea del Estado y de la Iglesia, o sea de las dos sociedades que tienen su origen en Dios mismo, aunque en distinta forma. Para que esta ley no sea coacción, es preciso que esté en absoluta armonía con la ley divina. Sólo de esta forma la ley humana es verdadera ley y puede pretender en toda justicia que sea reconocida y cumplida por los hombres.

Por tanto, la Iglesia:

1) expone la ley natural y la ley divino-positiva;

2) crea una ley eclesiástica propia, completando y desarrollando la primera.

1. La Iglesia, por mandato divino, *expone,* anuncia y explica la ley *divina* tal como Dios la puso en la naturaleza del hombre y la manifestó por la revelación. Esta actividad es propia

del magisterio de la Iglesia y corresponde a la misión de enseñar que Cristo le dio (Mt 28, 18). Esta misión de enseñar se refiere a toda la doctrina y confiar a los hombres por la revelación natural y sobrenatural. Al administrar la Iglesia las fuentes de la revelación, Biblia y tradición, sirviendo a Dios y a los hombres, no sólo administra verdades doctrinales y de fe, sino que administra también aquello que, en el Antiguo Testamento y el Nuevo, ocupa un lugar igualmente importante: los preceptos morales de Yahveh y de Cristo, la ley moral. No debe reconocer sólo que: «Tú eres Cristo, Hijo de Dios vivo» (Mt 16, 16), sino que debe practicar también el precepto del amor: «Amaos los unos a los otros como yo os he amado» (Jn 15, 12). Es depositaría, la Iglesia, de la frase: «Yo soy el camino, la verdad y la vida» (Jn 14, 6). «Camino» puede referirse a los preceptos morales, y «verdad», a los dogmas. Propone a sus fieles el decálogo, los diez mandamientos del monte Sinaí que le son confiados como el arca de la alianza estuvo confiada al templo, y da a conocer el sermón de la montaña en el que Cristo dio cumplimiento a la ley.

¿Y *cómo* sirve y administra la Iglesia estos bienes? Ante todo, mediante la predicación de las exigencias de la ley natural y de la Biblia, que la Iglesia repite y pone en conocimiento de los hombres oportuna o inoportunamente (2 Tim 4). Lo esencial es que la ley natural y la ley divina obligan a *todos* los hombres, no solamente a los católicos. Y, aunque la predicación de la Iglesia va inmediatamente dirigida, como es lógico, al católico, las normas que pregona obligan a todos los hombres, porque detrás de ellas no está solamente la Iglesia, sino Dios. Ésta es la razón por la cual en el terreno moral las distintas Iglesias cristianas pueden encontrarse hallar el camino de la cooperación. No existe una ley natural católica y otra protestante. La ley natural y su expresión en el decálogo es la misma para todos y obliga a todos los hombres.

No obstante, la predicación de principios generales no basta. La Iglesia ha de ir más allá, ha de pasar al orden práctico, y esto significa meterse en un avispero. Los principios generales, para nosotros hombres, son siempre teóricos, no nos atañen inmediatamente: en cierto modo, están más allá del tiempo. Así a la Iglesia le corresponde la delicada tarea, no siempre bien resuelta por todos los predicadores de la palabra divina, que consiste en aplicar los principios atemporales de la ley natural a la situación particular de cada época, en concretarlos y aplicarlos a la vida práctica, dándoles forma actual y poniéndolos en relación con la vida de hoy y sus exigencias. «Los principios deben ser transformados en imperativos» (K. Rahner). Pero al abarcar Dios y su ley a todo el hombre en todas sus relaciones, los aspectos y exigencias prácticos serán de diversa índole y tenderán a abarcar y a ordenar toda la vida humana. Y en este momento empieza el problema, al convertirse los mandamientos de Dios en exigencias morales y derechos de la Iglesia sobre la conciencia humana. Este problema encierra muchas dificultades para los confesores y predicadores. Sería cómodo y sencillo poder permanecer siempre en los principios generales. Todo sería relativamente fácil si no se tuviera que llegar a la vida práctica. Pero entonces el sermón resultaría muy académico, no produciría ningún fruto en la mayor parte de los oyentes y el predicador no cumpliría con su deber. Por tanto, ha de emprender esta tarea, ha de hablar de la paz en la familia, de la pureza en las relaciones, de honradez en la vida de negocios, aunque exista el peligro de que se le acuse de querer moralizar y entrometerse en la vida privada.

Y lo más grave es que, detrás de estas normas concretas y detalladas, está la plena autoridad de Dios, aun si estas normas se dan a conocer con poca habilidad e incluso con penosa falta de experiencia o de delicadeza. Aun en este caso, el fluido de autoridad divina, saliendo de Cristo, desciende sobre el predicador a través de la Iglesia y con ello las normas y las leyes aparentemente minuciosas y de poca importancia reciben un peso, una fuerza, que a veces parece incluso excesiva. Es importante que en estos momentos intentemos ver los principios partiendo de los cuales la Iglesia ha dado estas normas, no por capricho propio, sino como administradora de los bienes de Dios. Hemos de ver los principios por los que prohíbe el aborto en todas las circunstancias, aunque sea a costa de la vida de la madre, los principios por los que no reconoce determinadas formas de higiene moderna, rechaza determinadas escuelas, prohíbe la lectura de ciertos libros por causas morales, etc.

Lo cierto es que, cuanto más una exigencia particular práctica se aleja de los primeros principios, tanto más difícil es adoptar la posición verdadera. Y, aunque la Iglesia en sí está preservada del error también en este sentido, no por ello quedan excluidos los errores de la predicación particular. Sobre todo, cuando he de tomar una decisión personal, en mi situación única, la libertad de conciencia tendrá sus plenos derechos porque la Iglesia reconoce total y plenamente estos derechos.

También es cierto que la libertad del hombre queda sujeta por el bien y la obligación de buscarlo, tal como lo formula la ley divina, del mismo modo como queda sujeta por la verdad. No existe la libertad para el mal, como tampoco existe la libertad para el error. El que comete el mal abusa de la libertad. El hombre por naturaleza, físicamente hablando, tiene libertad para obrar el mal, pero no debería hacerlo y por esto peca y le espera un castigo.

Del hecho de que la Iglesia, como intérprete de la ley divina, tenga la obligación de permanecer fiel a esta ley, se deduce que no puede cambiarla, ni puede dispensar de ella. La Iglesia es, en este sentido, tan poco libre como lo es el individuo. El papa está sujeto a la ley natural, del mismo modo como lo está el último de los cristianos. De aquí que todos los reproches hechos a la Iglesia contra esta función referente al contenido esencial de su enseñanza, se dirigen en el fondo contra Dios mismo. Por ello la Iglesia en este terreno impone su autoridad como lo hace en el terreno doctrinal, pues se trata también de los derechos inmediatos de Dios.

Pero hemos de distinguir con toda precisión entre este primer deber de la Iglesia y otro que a continuación expondremos.

2. La Iglesia no sólo es intérprete de la ley divina, sino que también tiene el derecho y la obligación de promulgar nuevas leyes propias, y con ello llegamos al precepto de la Iglesia y al derecho canónico.

La Iglesia es la sociedad visible de los creyentes y, según la voluntad de su Fundador, debe cumplir tareas jurídicas y de organización. Esta faceta es sólo exterior, su esencia es espiritual, invisible; con todo, esta forma exterior, esta faceta visible, es también esencial, como lo es para Cristo su naturaleza humana. Cristo quería la sociedad visible que la Iglesia es en la actualidad. Evidentemente, no todos los detalles fueron dispuestos por Cristo. En su forma exterior, es el resultado de dos fuerzas: por una parte, de la *idea creadora* que Jesús realizó en la elección y misión de los apóstoles y de san Pedro. De aquí proviene su forma jerárquica y monárquica. Por otra parte, de las fuerzas de desarrollo *históricas* que, naturalmente, también han influido en ella. De esta forma, como sociedad visible sometida al desarrollo histórico y a los factores que forman la historia, la Iglesia ha dictado en todos los tiempos, al lado de la ley divina que administra, leyes humanas y hasta normas puramente eclesiásticas. En esta actividad legisladora, en el campo de la disciplina eclesiástica, la Iglesia es relativamente *libre,* y en cambio no lo es como intérprete de las leyes divinas. El derecho a tener una disciplina y leyes propias deriva de la misma naturaleza de la Iglesia como sociedad visible, cuyos miembros son hombres imperfectos, sujetos a leyes terrenas. De esta forma, las leyes eclesiásticas pueden ser comparadas con la legislación del Estado. A esto se añade la revelación, la misión de atar y de perdonar y la entrega del poder de las llaves a san Pedro (Mt 16, 19; 18, 16). Con esto otorga a la jerarquía eclesiástica el *poder legislativo* —modernamente hablando—, que se expresa en las imágenes, típicamente hebraicas y ya arraigadas en el Antiguo Testamento, de atar y desatar unos vínculos, y de la entrega de las llaves al vencedor y futuro señor de una ciudad y de sus puertas. Hablamos en este caso de la función *pastoral* de la Iglesia. La interpretación de leyes divinas corresponde al magisterio, la *creación* de leyes nuevas y propias al poder *pastoral.* Ya los apóstoles hicieron uso de este poder legislativo, que lógicamente incluye también el poder de juzgar y de sancionar. San Pablo dio en la primera epístola a los Corintios diversas normas disciplinarias insistiendo mucho en ellas. Habló, por ejemplo, de la conducta durante la celebración del culto divino, de la conveniencia de llevar las mujeres la cabeza cubierta, sobre las vírgenes y las viudas, sobre el comer carne de los sacrificios a los ídolos y sobre la participación en los sacrificios paganos. Pone orden autoritativamente en el uso de los carismas y de los dones espirituales. Prohíbe a los cristianos las acciones judiciales ante los jueces paganos. Excluye al incestuoso de la comunidad y realiza así la primera excomunión. El concilio de los apóstoles, del que hablan los Hechos de los Apóstoles, es un ejemplo clásico de decisión disciplinaria de la Iglesia sin relación inmediata con las leyes divinas. De forma parecida, san Juan, Santiago y san Judas dan en sus epístolas normas sobre la conducta en el trato con herejes. En las epístolas pastorales se describen los cargos eclesiásticos y su administración, las condiciones para la admisión de candidatos, etc.

Resumiendo, diremos que ya la Biblia contiene numerosas normas puramente humanas de disciplina eclesiástica y pone con ello las bases para el *ius canonicum,* el derecho canónico. Es pues una tradición profundamente arraigada en la Biblia la que sigue el cristianismo primitivo en la epístola de Clemente, en las constituciones apostólicas y en otros muchos documentos. En Roma la evolución va emparejada con el sentido jurídico romano que le da mayor claridad y consistencia. No pueden negarse influencias históricas por parte del *ius romanum,* pero no contradicen el sentido de la comunidad eclesiástica, aunque presentan una auténtica problemática, a saber, la problemática del juridicismo. El derecho de legislar que posee la Iglesia tiene su fundamento en la Biblia. Claro está que en su formación han cooperado fuerzas históricas, pero ésta era la voluntad de Cristo que puso su Iglesia en el tiempo y en la historia y de este modo también previo y consintió estas fuerzas.

De la esencia de la legislación puramente eclesiástica se desprende con claridad que en ella el elemento humano se manifestará mucho más intensamente que en la predicación de los dogmas o en la exposición de las leyes divinas. También, detrás de las normas y preceptos de la Iglesia están la autoridad y el derecho divinos, pero no del modo absoluto y general como se hallan en el dogma y en la ley natural. El tiempo, las circunstancias exteriores y la persona del legislador tienen aquí un papel mucho más importante. En el caso del dogma y de la ley natural estos factores son casi anónimos; el dogma y la ley natural son, en cierto[1] modo, atempérales. En el derecho canónico y en la disciplina eclesiástica no sucede así. En este terreno la Iglesia tiene una libertad mucho mayor, puede y debe adaptarse. Y, aunque su legislación no será nunca tan variable y sujeta a modificaciones como la del Estado y, sobre todo, no queda tan sujeta a la decisión del pueblo, no obstante creará y abolirá, cambiará y modificará leyes y normas según lo exijan el tiempo y sus hombres. El derecho canónico y la disciplina eclesiástica son esencialmente modificables, alterables, más o menos perfectos, particularidades éstas que no pueden decirse del dogma y de la ley moral. Cierto que la Iglesia tiene por naturaleza gran capacidad de perseverar, es esencialmente tradicionalista, conservadora y no cederá en seguida a toda corriente de moda ni se amoldará inmediatamente a todo pequeño cambio; por eso no deroga ni cambia leyes, no crea leyes nuevas con excesiva rapidez y frecuencia. En ello hay un peligro, el peligro de anquilosamiento, el peligro de que algunas normas y leyes sean anticuadas, carezcan de actualidad. Sin embargo, por encima de este peligro hay la ventaja de cierta estabilidad, un estar por encima de la intranquilidad y el caos del tiempo.

Con todo, la Iglesia, con relación a la ley eclesiástica, puede conceder *dispensas*. Es decir, puede dispensar de una obligación según el principio de que hay leyes que no obligan en ciertas circunstancias, o sea, cuando su cumplimiento tropieza con una dificultad seria. *Ad impossibile nemo tenetur*, «nadie está obligado a lo imposible». Además, tenemos que recordar que en la ley puramente eclesiástica la libertad de la propia conciencia es considerable. Se dan también excepciones y permisos especiales y se tiene en cuenta la necesidad de adaptarse a la situación individual. Estas leyes se prestan mucho más a la adaptación y en su exposición son mucho más polifacéticas que las leyes divinas. Por esto la Iglesia tiene conciencia de la gran diferencia entre derecho divino y derecho humano. El derecho divino es mucho más categórico, más imperioso que el derecho humano. No admite excepciones ni dispensas. En su esencia no hay deficiencias ni debilidades, porque tiene a Dios por autor.

No ocurre así en el derecho eclesiástico. Es creación humana y por ello lleva inherentes las deficiencias de toda obra del hombre. Por tanto, puede ser objeto de crítica justa, bien intencionada y humana. Aunque la autoridad de la Iglesia nos recomienda mucha cautela y caridad, tenemos, no obstante, derecho a criticar tales prescripciones, a examinarlas con lupa, formarnos una opinión personal e intentar por justos medios la modificación *o* la abolición de determinadas leyes. Pero, mientras sean vigentes y en circunstancias normales, dichas leyes nos obligan. Puedo, por ejemplo, pensar tranquilamente que el *índice* sobra, que es inútil e incluso nocivo. Se puede opinar sobre la oportunidad de un día de ayuno, se puede rechazar interiormente la introducción de una fiesta por antilitúrgica. Se puede desear mayor libertad en relación a algunas cosas y hay que tener la valentía de enfrentarse abiertamente con las tendencias totalitarias de algún sector de la jerarquía eclesiástica. Leamos la biografía del cardenal Newman, hombre con categoría de santo. Con qué franqueza se dirigía a sus superiores, qué dolor sintió por el *Syllabus* y algunos otros hechos del pontificado de Pío IX, y siempre manifestó abiertamente su opinión. Y aunque la posteridad no le dio la razón en todo, no obstante demostró la posibilidad de manifestar libremente la propia opinión en la Iglesia católica. Por esto le gustaba tanto a Newman aquella frase de san Agustín: *In necessariis unitas, in dubiis libertas, In omnibus caritas,* «En lo necesario unidad, en lo dudoso libertad, en todas las cosas caridad.»

Y no son siempre los mejores aquellos obispos, sacerdotes y laicos, que a todo dicen sí y nunca tienen el valor de decir y defender su opinión personal, aun con el riesgo de perder popularidad. Grandes hombres, incluso santos, se atrevieron a enfrentarse con papas y obispos. Naturalmente, con esto no apoyamos en modo alguno la crítica infundada o cualquier desobediencia en materia fundamental. La Iglesia tiene una autoridad soberana y con respecto a ella debemos ejercer la virtud de la humildad, que no gusta de pronunciar críticas, sobre todo si no conoce bien el objeto de las mismas. No obstante, tampoco preconizamos la divinización o la apoteosis de los prelados eclesiásticos, o del papa; y es señal de una postura estrecha y temerosa que poco sabe de la esencia de la verdadera autoridad, el que un superior no quiera confesar nunca un fallo e invoque siempre, incluso en las cosas más pequeñas, la voluntad de Dios. Tal superior nunca tolerará la libertad de expresión y se rodeará de personas que le den siempre la razón y que son cualquier cosa menos personas de carácter. No es fácil y requiere mucha valentía sostener frente a un superior una opinión distinta a la de él y defenderla con tranquilidad, serenidad y firmeza. Como ya dijimos antes, en el campo puramente humano del derecho y disciplina, al que pertenecen muchas de las decisiones políticas de la Iglesia, lo humano —y lo demasiado humano— desempeña una función y la desempeñó, en el transcurso de la historia de la Iglesia, en una medida que a veces asusta. Este hecho es objeto de la crítica malévola de los adversarios y perturba los espíritus débiles que no saben distinguir lo esencial de lo que no lo es. En este terreno la jerarquía eclesiástica puede tener la tentación de sobrevalorar su autoridad, de limitar demasiado la libertad personal de las conciencias y de llevar una política de poderío. Estas aspiraciones están apoyadas por la mentalidad de muchos hombres que en el fondo no quieren libertad porque temen la responsabilidad que de ella se deriva y preferirían que toda su conducta personal estuviera regida por normas concretas.

Evidentemente, la Iglesia no concibe la autoridad de esa forma. Sabe que, junto a su autoridad, existe la conciencia personal del individuo cuya libertad debe respetar.

V

LA LIBERTAD DE CONCIENCIA

Vimos en el último capítulo que la autoridad de la Iglesia en la esfera de la vida moral es doble: es intérprete del derecho divino tal como se encuentra en la ley natural y en la ley divino-positiva, y es creadora del derecho humano, en lo que se refiere a su disciplina. En el primer caso, la Iglesia es esencialmente dependiente; en el segundo, es libre. Anuncia la ley divina y la humana y de esta forma regula la conducta moral del hombre. Interviene honda y decisivamente en su vida personal y se da un encuentro de gran importancia, el encuentro de la ley con la *conciencia humana,* que aboga por la libertad personal. Por consiguiente, la potencia impersonal y objetiva de la autoridad de la Iglesia en moral y costumbres se encuentra con la potencia personal, subjetiva de la conciencia humana.

¿Cómo se realiza el encuentro de la autoridad de la Iglesia en el terreno moral con la conciencia del hombre? Dicho de otro modo: ¿Cómo se comporta la conciencia ante las normas y leyes morales que la Iglesia le propone? ¿Hasta dónde llega la auténtica libertad de conciencia, hasta dónde la verdadera obligación? Abordemos pues el problema «mandamiento y libertad moral» —que en el capítulo precedente habíamos enfocado desde arriba, desde la autoridad— desde abajo, desde la conciencia humana. Vamos a proceder de la siguiente forma: trataremos en primer lugar la cuestión del *concepto de conciencia,* pasando luego a considerar la *actitud* y la *tarea* de la misma en el encuentro con la Iglesia como intérprete de la ley divina y creadora de la ley humana. Examinaremos, pues, primero la conciencia en su *esencia,* en su *ser,* y luego en su *obrar,* en su *actividad.*

A. El concepto de conciencia

Sólo por introspección, preguntándonos a nosotros mismos, podemos saber qué es la conciencia. Es «lo eterno en el hombre», aquello que él experimenta muy hondo en sí mismo. Pertenece a la propia naturaleza, lo llevamos dentro de nosotros. Cada uno de nosotros vive su conciencia de una manera muy personal. ¿Y qué nos dice la experiencia propia, personal? Dice que hay en mí algo, como una voz interior, que se manifiesta en mi vida personal, en mi conducta moral. Vivimos la conciencia al juzgar sobre el valor moral de las intenciones y actos propios y libres. La conciencia nos aconseja de tomar decisiones, nos acompaña durante nuestros actos y juzga con nosotros. Cuando quiero tomar una decisión moral oigo esta voz amonestadora. Me impulsa en determinada dirección, estoy bajo los efectos de cierta presión. Mi conciencia juzga el acto que se va a realizar y lo califica de bueno o de malo. Si el acto se ha realizado ya, esta misma voz me juzgará a mí y al acto realizado; el consejero se convierte en juez que me alaba cuando obedezco su consejo y me riñe cuando obro en contra de él. En el primer caso, sentimos satisfacción interna y alegría; en el segundo, intranquilidad interior, y decimos que la conciencia nos remuerde. Esta vivencia la tiene todo hombre moral y espiritualmente sano. Vamos a intentar aprehender conceptualmente esta experiencia y explicarla un poco más.

Es indiscutible que el hombre se da cuenta de lo que ha de hacer en un lugar y en un momento dados; y la conciencia consiste en este juicio del entendimiento sobre la calidad moral de un acto que se ha de realizar en un lugar y en un momento determinados. Pero ¿cómo puede conocer el entendimiento la cualidad moral de un acto? ¿Cuál es la medida en que se funda su juicio? ¿Cuál es la norma directriz de la decisión concreta que he de tomar y que me obliga absoluta e incondicionalmente? Es innegable que el juicio de la conciencia me obliga, que soy responsable ante él. Sin embargo, el concepto de responsabilidad trasciende mi propio yo. Presupone a alguien ante el cual soy responsable, o sea alguien que está sobre mí, que tiene el derecho de presentar exigencias, que puede obligarme y otorgarme premio o castigo. En última instancia yo no puedo responder ante mí mismo, sino sólo ante otra persona. No estoy por encima de mí mismo, no soy mi propio legislador. Por lo tanto, la conciencia señala necesariamente más allá de sí misma; el juicio personal de la conciencia exige una autoridad, de orden superior al mío, de la que recibe su obligatoriedad. Y esta autoridad es, en último término, Dios y su ley eterna.

Mi conciencia tiende un puente entre las leyes generales y las normas de Dios y mi vida concreta, personal. Por tanto, nunca es lo último, y en ningún caso es autónoma. Sólo tiene carácter mediador, aunque para mí, para el acto que he de realizar implique una obligación inmediata y absoluta. Las leyes y normas son siempre generales. Abarcan y comprenden cada caso particular, pero en su formulación y sus pretensiones están necesariamente sobre estos casos individuales. ¿Quién, sino la conciencia, me dice cómo he de aplicar la ley general, la norma absoluta, objetiva, a mi caso particular, a la situación única, concreta, de mi vida; cómo he de obrar *hic et nunc,* en este momento y en este lugar, en estas circunstancias prácticas? Orientada y formada por las leyes fundamentales y supremas, tiene la obligación de decirme qué he de hacer en una situación y en un momento determinados, cómo se aplica la ley general a mi caso particular. De este modo, el juicio de la conciencia es siempre práctico, único y válido sólo para este caso. Es la expresión de una ley superior y general; es la interpretación, la adaptación de la ley a la situación concreta actual. De todo ello se deduce la relación íntima entre *ley* y *conciencia.* La conciencia es, para el sujeto, la expresión personal, inmediata y válida de la ley. Por consiguiente, la conciencia ha de formarse por la ley. Sólo entonces es capaz de juzgar rectamente la vida. Así pues, el encuentro entre conciencia y ley, entre conciencia y autoridad —que anuncia y presenta la ley— es exigido por la esencia y la tarea de la misma conciencia. Esto nos lleva al segundo problema: el encuentro de la conciencia con la autoridad eclesiástica. La dificultad está en el encuentro con la Iglesia como intérprete de la ley natural por misión divina. La relación entre la conciencia y la mera ley de la Iglesia es bastante más fácil de definir.

1. Ley natural y ley divino-positiva

El problema de la conciencia y la autoridad eclesiástica en relación con la ley divina se discute intensamente en nuestros días. La causa de ello es que por influencia de la filosofía existencialista se ha impuesto una tendencia, incluso en círculos católicos, que amenaza la doctrina católica acerca de la conciencia. Es la *ética de situación.* El papa Pío XII tomó posición respecto a esta cuestión en una importante alocución, el 19 de abril de 1952, en la quc hablaba de una nueva concepción de la vida moral que se había extendido especialmente entre la juventud católica. El papa habló de una «moral nueva», del «existencialismo ético» o, brevemente, de la «ética de situación».

Las *características especiales de esta moral* consisten en que olvida la tarea mediadora de la conciencia, no toma como punto de partida las leyes morales de validez general, como son, por ejemplo, los diez mandamientos de la ley de Dios, sino que pone en el centro las circunstancias concretas en las que el hombre ha de obrar. Según esta moral pueden darse casos, y en nuestros tiempos turbulentos no serán raros, en los que la conciencia ha de decidirse, como última instancia, movida por las decisiones prácticas del caso particular, *contra* la ley de validez general. No se niegan las leyes generales, pero sí su validez absoluta. En vez de estar en el centro quedan en la periferia. Puede darse el caso de que la decisión de la conciencia responda a estas leyes; muchas veces, sin embargo, no corresponderá o no podrá corresponder a ellas. En el centro no está, pues, la ley moral efectiva de la que la conciencia ha de sacar la consecuencia lógica para el llamado «caso particular». En el centro está el valor que hay que realizar, la situación única del individuo particular. Lo que decide no es la norma que obliga, sino el «caso» particular, que en ciertas circunstancias puede caer fuera de la norma y puede ser contrario a ella. Así, por ejemplo, en el terreno de la fe la relación personal que nos une con Dios es el valor decisivo que hay que realizar. Según la ética de situación, si la conciencia decide que el abandono de la fe católica y la conversión a otra confesión lleva más cerca de Dios, este paso es justificado, aunque normalmente se le califique como «abandono de la fe». O, en el terreno del amor: si el desarrollo de la personalidad propia es el valor decisivo, ¿por qué no se ha de permitir a un hombre casado, en ciertas circunstancias, tener relaciones sexuales con otra mujer que corresponde más a su personalidad? En general, esto es adulterio, pero en este caso particular, según la ética de situación, es lícito. Por el mismo motivo, según esta moral, son los cónyuges quienes deciden si en ciertas circunstancias la conciencia puede considerar lícito en su caso único y particular impedir el embarazo, aunque en sí esté ello prohibido. Tales decisiones de la conciencia son totalmente contrarias a las leyes divinas, pero, no obstante, deben ser válidas ante Dios, porque la conciencia vale más ante Él que la ley y el precepto. La conciencia, cuando lleva a cabo una decisión de este tipo, no acepta pasivamente la ley divina como la anuncia la Iglesia, sino que se mantiene activa, creadora[1].

No hay duda de que la ética de situación es decididamente individualista. Al tomar la conciencia una decisión, que debe ser siempre una empresa atrevida y muy personal, el individuo se encuentra con su Dios al parecer sin la mediación de la ley o de autoridad alguna. Se habla entonces de la «mayoría de edad» de la conciencia. El lema supremo es: «¡Esto ya lo arreglaré con mi conciencia!» ¿Para qué necesito preceptos y normas abstractas? Esto sólo conduce a la falsedad y a la fidelidad farisaica a la ley. Aunque la ética de situación en su forma crasa se da raras veces en católicos creyentes, la tendencia aparece en ellos también. Se manifiesta, por ejemplo, cuando un confesor, por ignorancia, miedo o comodidad, despacha los casos de conciencia, a veces muy complicados, de sus hijos espirituales con

[1] Véase la obra de K. RAHNER, *Gefahren im heutigen Katholizismus,* Johannes-Verlag, 1950.

la frase: «Esto lo ha de arreglar usted con su conciencia; obre usted como se lo dicte la conciencia». Se manifiesta siempre que un cristiano evita confrontar su conducta práctica con la ética de la Iglesia por temor a que esta doctrina condene su proceder, cuando él por su parte declara tener buena conciencia. Dice que esto ya lo arreglará él con su conciencia, que la Iglesia habla en términos demasiado generales y teóricos, que ella y sus representantes no tienen idea alguna sobre la cuestión, que hablan «ligeramente», etc. En resumen, la ética de situación pone la conciencia por encima de la ley, pregona una falsa libertad de conciencia y postula una conciencia que no está sujeta a ley alguna.

¿Qué opina la *doctrina católica* ante esta tendencia, ante esta ética de situación? De lo que dijimos sobre el concepto de conciencia, pueden sacarse fácilmente las consecuencias correspondientes que se expresan en una exposición positiva de la cuestión acerca de la relación entre conciencia personal y autoridad eclesiástica con la ley moral.

Ante todo, es evidente que el hombre *ha de seguir su conciencia.* Pues la conciencia es para él la mediación más directa del precepto moral. Incluso si la conciencia de hecho se equivoca, siempre que esta equivocación se cometa sin culpa y no haya posibilidad de corregirla, hay que obedecer a la conciencia. No se puede prescindir de ella sin incurrir en falta. También obedecer de buena fe una ley equivocada se convierte en un acto de obediencia a Dios. La conciencia es, y sigue siendo para el individuo, la norma inmediata, próxima, según la cual se ha de guiar. Pero es evidente que no es una autoridad que actúa automática e infaliblemente. Puede equivocarse y a veces se equivoca gravemente. No es fácil distinguir la voz de la verdadera conciencia de la voz de la precipitación, de la pasión, de la obstinación, del egoísmo. Por tanto, el hombre tiene la obligación de adaptar su conciencia a las normas y medidas objetivas de un orden moral superior, de formarse, de dejarse instruir, de estar preparado y abierto para recibir la palabra de Dios, para oír al magisterio de la Iglesia. Existe la grave *obligación de formar la propia conciencia,* pues sólo una conciencia bien formada es un guía seguro y puede atreverse a tomar la decisión última y libre.

La primera condición de toda formación de la conciencia es conocer y aceptar las obligaciones fundamentales de la *ley moral general*. En caso contrario, bajo la apariencia de libertad llegamos a un subjetivismo ilimitado, a la individualista ética de situación descrita antes. El cristiano recto sabe que existe la norma general, la ley general que abarca y regula cada caso particular. Esta ley es interpretada y anunciada por el magisterio de la Iglesia. Y tengo que tener bien claro que la ley, la norma general dada por la Iglesia e interpretada correctamente y no según el parecer de una persona particular, se refiere a este caso particular, quiere abarcar precisamente esta situación mía concreta y, por lo tanto, me obliga en este caso especial. «Al afirmar la Iglesia, por ejemplo, que toda interrupción directa del embarazo es moralmente ilícita, que ningún matrimonio contraído y consumado como sacramento entre dos bautizados puede ser disuelto, realmente se refiere también a cada caso particular independientemente de como se vivencia o como es en sus circunstancias concretas. En estos casos no existe moral de situación, en la que ha de examinarse según las circunstancias, que, naturalmente, cada uno considera muy particulares y especiales, si la conciencia no podría decidir con razón de otro modo» (K. Rahner). La conciencia nunca debe decidirse contra la norma objetiva, y si el cristiano sabe que su Iglesia predica esta norma, sabe también que con ella se refiere a su propio caso, por difícil y complicado que sea en la realidad. Para la ley natural y la ley divino-positiva no hay dispensa ni excepciones, ya que obligan también en circunstancias difíciles y al precio de la misma vida. La decisión de la conciencia puede llevar incluso la cruz, puede traernos situaciones interiores sin salida en las que hay que ofrecer simplemente todo, aun la vida. ¡Cuántos mártires que con su decisión de conciencia han ido a la muerte nos recuerdan esta verdad!

La ley divina es de una dura implacabilidad y lo mismo puede decirse de la Iglesia al proponer esta ley. El incrédulo nunca lo comprenderá, pero el creyente sabe que en ciertas circunstancias ha de sacrificar todo para salvar el alma, que nunca debe obrar el mal para conseguir el bien, que puede existir la obligación del martirio. De aquí que una madre cristiana, aun teniendo ya cinco hijos, prefiera morir a permitir dar la muerte directamente a su sexto hijo antes de nacer, porque sabe que este homicidio está prohibido, siempre y en todas las circunstancias, por la ley divina. El hombre de negocios cristiano preferirá la quiebra antes que salvar su existencia material por procedimientos deshonestos. Dios es autor y la Iglesia es transmisora del mandamiento. El hombre ha de atenerse a este mandamiento y orientar según él la conciencia, por duro que resulte en su caso concreto y particular. En esto consisten la obediencia y la humildad de la criatura ante su Creador. Y no vale limitarse a la conciencia y declarar que «esto lo arreglo con mi conciencia». En última instancia, el problema no se arregla con la conciencia, sino con Dios; y Dios habla, sobre todo en casos oscuros y difíciles, por medio de la Iglesia. Sólo cuando mi conciencia está orientada por Dios y por la Iglesia tengo la seguridad de que en un determinado caso habla la voz de la conciencia y no la voz de un egoísmo primitivo.

Pero ¿cómo queda la *libertad?* ¿No estamos entonces otra vez bajo la ley? No olvidemos nunca que la libertad de los hijos de Dios consiste en el espíritu que sopla allí donde por un amor libre se cumplen los mandamientos de Dios. No es a la transgresión de la ley divina que la Biblia llama libertad cristiana, sino a su cumplimiento en el amor. El hombre que obra de este modo está por encima de la ley. Además, el hombre obediente que forma su conciencia por la norma y la enseñanza de la Iglesia no queda, ni mucho menos, dispensado de toda decisión personal. Necesitará valor para acometer determinada empresa, para emitir un juicio propio, ya que la conciencia clara y bien formada frecuentemente se encontrará ante decisiones que no toleran demora y han de tomarse en el acto. Para ello es preciso querer la decisión y tener la virtud de la prudencia, que es la verdadera mayoría de edad de la conciencia cristiana.

Naturalmente, existen también formas de conciencia que todavía no han despertado a esta madurez sana y fuerte, formas que la Iglesia no desea: la conciencia temerosa y la conciencia no desarrollada.

La conciencia *temerosa* es la que rehúye toda decisión personal y preferiría en cada situación cargar la responsabilidad a otro, por ejemplo, al confesor; una conciencia que nunca llega a tomar una decisión y siempre ha de ser empujada. Existen formas patológicas de dicha conciencia, cuyo estudio pertenece al psiquiatra. Fuera de estos casos, los escrupulosos tienen la obligación de formar su conciencia, de educarse a una cierta independencia y saber con claridad que si se han esforzado en lo posible por aclarar una situación, pueden seguir tranquilamente su conciencia, pues también la conciencia equivocada es norma segura que obliga. Si verdaderamente se obra en conciencia, según el mejor parecer y criterio, no hay motivo alguno para intranquilizarse.

Otro caso que no es raro precisamente entre cristianos fervorosos, es la conciencia *no desarrollada.* Estas personas poseen la actitud de conciencia correcta, el equilibrio entre norma objetiva y aplicación subjetiva; pero el alcance de su conciencia se limita a unos pocos campos. A muchos sólo les importa la cuestión de si esto o lo otro es pecado mortal, si lo es la omisión del cumplimiento de tal o tal obligación. Ciertamente, la cuestión del pecado tiene importancia, pero no lo es todo. La conciencia plenamente desarrollada va mucho más allá del problema de la culpa y mide cada acto según un ideal moral superior. Otros sólo consideran los actos externos como actos de conciencia o se limitan a unos pocos campos, por ejemplo, al sexto mandamiento, mientras que la conducta social, el nivel de vida, el cumplimiento del deber profesional, para muchos cristianos no es problema de conciencia. Nuestra conciencia no sólo debe dar cuenta de actos cometidos, sino también de las omisiones y actitudes internas.

De este modo, en la formación de la conciencia se demuestra el valor o la falta de valor de la persona humana. Valemos ante Dios lo que vale nuestra conciencia. En la conciencia y en su actitud realizamos el primer y más importante acto de *obediencia* a Dios y la Iglesia. Al afirmar *libremente* esta necesaria y fuerte vinculación a la ley divina, tenemos la posibilidad de desarrollar nuestra conciencia y nuestra personalidad en la justa dirección: en dirección hacia la verdad y hacia lo bueno. Todo lo* demás es confundir la libertad con el desenfreno, es libertinaje, es abuso de la libertad para obrar el mal.

2. Ley eclesiástica

Examinemos, aunque sea brevemente, la decisión de la conciencia en relación con el derecho puramente humano de la Iglesia. También en este sentido vale lo anteriormente dicho, o sea que la conciencia ha de formarse y orientarse por la norma objetiva, la ley existente. Toda desviación infundada de esta ley es una falta de obediencia a la Iglesia y a su autoridad proveniente de Dios, incluso en estas cosas. Esto es válido para el *índice,* el ayuno y la abstinencia, las leyes matrimoniales, etc. En comparación con la ley divina que la Iglesia sólo puede exponer, es mucho más fácil que, en cuanto a la ley eclesiástica que la Iglesia crea, pueda existir una adaptación al «caso», a la «situación» por motivos razonables. Por otra parte, esta adaptación es necesaria, pues se trata de una ley humana, o sea, de una obra humana imperfecta. En ella rigen los siguientes principios:

Hay la posibilidad de dispensa, de privilegio, con otras palabras: por motivos razonables se puede pedir a la Iglesia que haga una excepción.

Es válido el principio de que una mera ley eclesiástica deja de obligar si de su observancia resultara un daño grave y serio *(grave incommodum).* Pues nadie está obligado a lo imposible.

Existe la epiqueya, o sea: en algunas circunstancias puedo pensar que el legislador ciertamente no querría obligarme, sino que razonablemente me dispensaría. Y si no tengo posibilidad de pedir dispensa, entonces en este caso particular puedo prescindir de la ley. Sin embargo, esto sólo vale de las leyes puramente humanas, que por su misma condición son imperfectas. En cuanto a la ley divina no existe epiqueya. La epiqueya presupone mucha honradez y objetividad. En este caso es una virtud, la virtud de la libertad de conciencia. Santo Tomás dice de ella: «No se ha dado nunca el caso de que una ley promulgada por hombres no haya fallado alguna vez. Los legisladores fijan su atención en lo que ocurre en la mayoría de los casos y según ellos formulan sus leyes. Mantener estas leyes significaría en algunos casos ir contra la justicia y contra el bien común que es la finalidad de la ley. En estos casos estaría mal observar la ley promulgada; lo bueno en cambio es hacer lo que exigen el sentido de la justicia y el provecho común sin tomar la ley al pie de la letra. Éste es el sentido de la epiqueya que nosotros llamamos equidad. De lo dicho se desprende que la epiqueya es una virtud.»

Esto es algo muy distinto de la obediencia ciega a la Iglesia y a sus leyes. La Iglesia y su teología moral afirman expresamente los derechos de la conciencia frente a la insuficiencia de la legislación humana. Con lo cual se muestra otra vez la diferencia fundamental entre ley divina y ley eclesiástica: si se trata de *leyes divinas,* la Iglesia está sujeta y es por tanto inexorable. En cambio, cuando se trata de leyes humanas es libre y, por ello, liberal y capaz de adaptarse. Sólo quien no ve esta diferencia, quien mezcla siempre lo esencial con lo accidental reprochará a la Iglesia esclavizar las conciencias y tender al poder de un modo autoritario en cuestiones en las que sólo habla en nombre de un ser superior. A ella, a la Iglesia, se aplica la palabra de san Pablo: «¡Pobre de mí, si no anuncio el evangelio!» (1 Cor 9, 16).

Con estas ideas fundamentales hemos trazado la posición de la conciencia dentro de la Iglesia. Debe situarse en el justo medio entre obligación y libertad, siendo la obligatoriedad de la ley divina mucho más absoluta y grave que la de los preceptos de la Iglesia. Esta diferencia radica en la esencia misma de la cosa, en la diferencia esencial entre autoridad divina y humana. Dios es creador y señor absoluto, aun de la conciencia, a la que ha dado sus órdenes. Dios, empero, actúa y habla por medio de su Iglesia y suele ejercer su dominio sobre las conciencias a través de ella, dejando, no obstante, al hombre la posibilidad de la última decisión libre que debe fundarse en el amor. Sólo cuando hay amor verdadero, amor que reconoce a Dios, a su ley y su Iglesia por amor, sólo entonces puede aplicarse a la moral cristiana la frase de san Agustín de la que tanto se abusó: *Ama et fac quod vis,* «Ama y haz lo que quieras».

VI

EL CRISTIANO ADULTO EN LA IGLESIA

La oposición entre ley y libertad en la Iglesia católica deja de ser una oposición hostil e irreconciliable cuando ambos miembros se interpretan y se valoran de un modo justo. Claro está que en la conducta práctica no todo católico logra, ni mucho menos, que esta oposición se trueque en una tensión fecunda. O ve en la Iglesia sólo la *autoridad* implacable, la vive como finalidad en sí misma y es oprimido por esta autoridad que le aparece como poder o como imposición; o bien ve en su *libertad* el valor máximo, último y absoluto y considera toda autoridad como ataque injusto a esta libertad. Para el que confunde la libertad con la carencia de obligación, la ley con la legalidad, quien considera lo uno o lo otro como valor último, supremo, absoluto, autónomo y auto-suficiente, para éste, ley y libertad serán siempre dos potencias hostiles que están en lucha constante una con la otra. Sólo pueden reconciliarse cuando aparece con evidencia que ley y libertad no son valores últimos y supremos en sí, sino que ambos están al servicio de algo superior, supeditados armoniosamente al servicio de la verdad y de lo bueno y de este modo, en última instancia, al servicio de Dios. Ley y libertad tienen la misma finalidad: llevar el hombre a Dios y ser mediadores de su verdad y bondad. Y éste es exactamente el objeto y la finalidad de la Iglesia. Fue instituida por Dios para ser mediadora de la salvación. Es la comunidad de los redimidos en Cristo. Es comunidad de gracia y al mismo tiempo una sociedad con organización jurídica que tiene la finalidad de guiar sus miembros hacia Dios. Es comunidad de gracia y sociedad jurídica, es Iglesia de amor y de derecho a la vez. En ella se manifiestan la *institución* y el *amor*. Como que la institución es visible, puede parecer desproporcionada a un extraño. La Iglesia, por su institución y por su amor, por la autoridad de su institución y la libertad del amor, don de la gracia, lleva a los hombres en Cristo al Padre. Ya que institución y amor, ley y libertad, han de servir a la misma finalidad superior, pueden unirse armoniosamente e incluso se exigen recíprocamente. Ahora bien, mientras la Iglesia camine sobre esta tierra imperfecta y esté dirigida por jerarcas imperfectos, esta armonía que en sí es posible, peligrará siempre y será objeto de controversia. Y, en general, este peligro consistirá en que los representantes de la Iglesia den demasiada importancia a su cargo y acentúen tan sólo la autoridad, mientras que los cristianos conducidos por esta autoridad abogan por una mayor libertad. La institución se remonta a *san Pedro,* el amor a *san Juan,* y se contrapone a ambos, se considera a san Pedro como representante de la institución, a san Juan como representante del amor. No obstante, se olvida que si bien san Pedro representa la institución y san Juan el amor, no es en oposición hostil ni en exclusividad enemiga. En los Hechos de los apóstoles, san Pedro y san Juan aparecen frecuentemente juntos; y en el evangelio según san Juan, cuando Cristo transfiere el primado, o sea el poder supremo, a san Pedro, inmediatamente le habla de amor, de un amor mayor: «Simón, hijo de Juan, ¿me amas más que éstos? ¡Apacienta mis ovejas, apacienta mis corderos!» (Jn 21, 15). Por tanto, hay que distinguir entre una Iglesia según san Pedro y una Iglesia según san Juan y oponer de esta forma institución y amor, autoridad y libertad. Ambos tienen su sitio en la Iglesia, aunque quienes detentan la autoridad de la Iglesia no consigan siempre el equilibrio y la armonía, sobre todo porque la autoridad tiene la tendencia de relegar la libertad a segundo plano. También esto lo previo Cristo y lo indicó misteriosamente en aquellos versículos extraños y difícilmente comprensibles del final del evangelio según san Juan, donde san Pedro, inmediatamente después de recibir la primacía, pregunta al Señor señalando al discípulo amado: «Señor, ¿qué ocurrirá con éste?» Y Jesús le da una contestación incomprensible: «Si yo quiero que él se quede así hasta mi vuelta, a ti ¿qué te importa?» (Jn 21, 22). Con esto se da y se confía algo a san Juan sobre lo que san Pedro, pese a su primado, no posee un saber absoluto ni derechos plenos de disponibilidad. Dicho con otras palabras: también en la Iglesia, a pesar de su dignidad y autoridad, existe la libertad, el amor personal del individuo en el que se encuentra con Dios de manera inmediata, y sobre este amor no hay autoridad alguna. Se da también la relación personal y libre del individuo con Dios, que Newman expresa en una frase que caracteriza toda su religiosidad: *Myself and my Creator,* ¡«Mi yo y mi Creador!» Por esto san Agustín, en su comentario del evangelio de san Juan, escribe, al referirse al mencionado párrafo: «Nadie, empero, separará los dos grandes apóstoles. Pues por un lado estaban ambos en aquello que simbolizaba Pedro y por otro lado debían estar ambos en aquello que simbolizaba Juan. Sobre todos los santos, que pertenecen inseparablemente al cuerpo de Cristo, recibió el apóstol san Pedro, en el timón de esta vida, las llaves del reino de los cielos, el poder de atar y desatar los pecados. Pero también por todos los santos el evangelista san Juan descansó sobre el pecho[1] de Cristo.» Así se juntan armoniosamente el poder de atar y desatar, o sea la autoridad de Pedro, y el descanso en el pecho del Señor, o sea el amor de Juan, en la Iglesia una, santa y católica.

De aquí la *actitud del cristianismo adulto* en la Iglesia católica: es libre y, no obstante, está sujeto, toma decisiones por sí mismo y es a la vez obediente, se encuentra a la misma distancia del libertinaje revolucionario y de la justicia temerosa y literal. Para terminar intentemos esbozar esta postura auténticamente católica, dando al mismo tiempo un resumen de lo expuesto hasta ahora.

A. El cristiano adulto y la libertad

El cristiano adulto, tal como lo quiere la Iglesia, se mantiene alejado de aquella *falsa libertad* que confunde libertad con libertinaje, con desenfreno. Libertad no significa propiamente «poder hacer lo que uno quiere». Ésta es una forma primitiva de la libertad, que el hombre puede tener en cierta medida por sus condiciones puramente físicas y biológicas, una libertad que hasta osa cometer un delito. Esta clase de libertad es más bien exterior y puede ir emparejada con una esclavitud interna, una sujeción a los instintos y a las pasiones. Se declara absoluta, afirma que no está al servicio de un ser superior, no reconoce la sujeción a la verdad y a lo bueno, y, por tanto, acaba necesariamente en la anarquía, en el caos del pensar y del querer. Semejante libertad sirve de pretexto y legitimación para dudar de todo y lleva a la absoluta falta de responsabilidad. Ésta es la libertad que desintegra y destruye. Disuelve el *concepto de verdad,* cuyo sentido el hombre de hoy ha perdido en gran medida. De este modo surge la herejía del indiferentismo religioso, la cual enseña que distintos puntos de vista religiosos y opiniones doctrinales diametralmente opuestas pueden coexistir como verdaderos. Con ello se comete, en el terreno religioso, un acto tan lleno de contrasentido como sería afirmar que dos por dos pueden ser cuatro y también cinco o siete. Se contradicen los primeros principios del pensamiento que tienen validez en todos los terrenos, no sólo en las matemáticas. Cristo o es el Hijo de Dios o no lo es, lo uno o lo otro, pero no ambas cosas al mismo tiempo, y en nombre del mismo cristianismo. Si Él es Dios, esta verdad me obliga, no soy libre ante ella y no puedo prescindir de ella sin más. Si obro así abuso de mi libertad y peco. La revelación de Dios obliga y no puedo hacer con ella lo que mejor me plazca.

Lo que vale para la verdad vale también para el bien. Existen principios supremos, normas éticas, leyes morales que se dan independientemente del hombre y que obligan. De la misma forma que en sí y objetivamente, porque tienen su fundamento en la esencia de Dios, la verdad y la falsedad son cosas distintas, así también son distintos el bien y el mal, independientemente de la voluntad humana. El hombre moderno parece haber perdido el sentido de esta diferencia, llegando de esta forma al libertinaje moral, apela unilateralmente a la propia conciencia, subjetiva, que con frecuencia se confunde con el instinto o con la voz de un mísero egoísmo. Se liega al desenfreno moral, que tan insanas consecuencias tiene ante todo en el terreno sexual, porque en esta materia no bastan las barreras de la convenciones, del buen tono, de la tradición de nuestros padres, para guiar por el camino recto al instinto exaltado. La opinión pública ayuda sobremanera al declarar que pueden haber opiniones muy diversas acerca de qué es vergonzoso y qué no lo es, cuándo se puede transgredir los límites de la decencia y cuándo no. Y si el mero provecho del individuo o de la sociedad se convierte en ley suprema ocupando el lugar de la voluntad y de la disposición divinas, se pierde toda orientación segura y se cometen oficialmente los mayores delitos, como son la esterilización y el aborto, en nombre del bien común. Lo cierto es que lo que va contra las leyes de Dios no puede, en última instancia y teniendo en cuenta todas las circunstancias, ser provechoso, ni desde el punto de vista higiénico, o biológico, o antropológico. La naturaleza violada siempre se vengará, advierte la Sagrada Escritura. Y aunque el hombre cree conocer la naturaleza de las cosas y poder calcular sus últimas consecuencias, se equivoca con frecuencia, como lo demuestra el estudio de las leyes hereditarias.

Frente a esta libertad falsa, destructiva y desintegrante está la doctrina de la Iglesia sobre la *verdadera libertad* del cristiano. Esta libertad no es un fin en sí, sino que debe estar al servicio del Ser superior y debe llevar al hombre hacia la verdad y hacia el bien. Es una libertad espiritual que acepta los fundamentos del ser y del obrar tal como corresponden a la verdad, una libertad que se sujeta libremente a la verdad y al bien y de este modo libera al hombre de toda esclavitud. Estar sujeto a algo superior, a la verdad, a Dios, eleva y honra. Estar sujeto a algo bajo, rebaja y deshonra. En esta actitud se presenta la Iglesia al cristiano, le regala la gracia y, en la absolución, la liberación del pecado, de la muerte y de la bajeza del propio yo, le regala el espíritu de libertad, la libertad de los hijos de Dios. Liberado de esta forma de lo inferior empieza la unión con lo superior, con Dios, con la verdad, con la bondad, que nos anuncia y ofrece la misma Iglesia a la que debemos la primera liberación que nos es dada por el magisterio. Por un «sí» libre se llega a la *verdad* de la revelación divina, tal como la encontramos en los dogmas de nuestra fe. Mediante un «sí» libre se llega a la *ley* de la revelación, tal como se nos da a conocer en el decálogo. ¿Y cómo puede ser una limitación de mi libertad, tener por verdadero que Dios es trino, que Cristo es el Hijo de Dios, que María es su madre, si esto corresponde a la realidad? ¿Es una limitación de la libertad aceptar que Zúrich es la mayor ciudad de Suiza? En ambos casos, en la fe y en el saber, se trata de lo mismo: de la *verdad,* de la realidad auténtica, que se me da a conocer por un camino distinto; esto es, en el primer caso, por conocimiento propio; en el segundo, por la autoridad de la Iglesia. ¿Y limito mi verdadera libertad si soy puro, honrado, digo la verdad, en resumen, si obro el bien? ¿Quién es más libre: el hombre *bueno* que se domina a sí mismo o el hombre dominado por sus instintos o por los placeres? Y cuando la Iglesia como sociedad humana promulga leyes y normas propias, crea un *derecho canónico* que regula la convivencia de sus miembros, incluso en la esfera meramente humana, y cuando yo me someto a este derecho canónico, sabiendo que puedo adaptarlo a mi situación, todo esto es un apoyo de la libertad en su dirección hacia la verdad y el bien. Semejante sujeción es grande y liberadora. Porque la libertad absoluta en el sentido de independencia total y falta de sujeción, no existe nunca y en ningún lugar. De hecho, por su condición de criatura, el hombre ha de estar sujeto a algo. Ahora bien, puede sujetarse a Dios o al diablo.

La verdadera libertad del cristiano consiste en darse, libremente y por amor, a través de la Iglesia, a Dios y a su amor como al bien máximo y más amable. Siempre que la Iglesia represente los *derechos inmediatos de Dios* en el dogma y la ley moral, el cristiano se inclinará ante ella de un modo absoluto porque esta supeditación no va dirigida al superior eclesiástico que anuncia el dogma o nos exhorta a la observancia del mandamiento, sino que va dirigida a Dios. En un esfuerzo personal el cristiano tratará de elaborar el contenido del dogma, intentará comprenderlo, lo discutirá y querrá apropiarse de la esencia y de los fundamentos del mandamiento para creer libremente, por propia convicción y decisión, y vivir esta fe.

El cristiano agradece a la Iglesia la predicación de la doctrina, pero no se contenta con ello, sino que lucha por una apropiación interna de lo que la Iglesia le enseña. Y cuando la Iglesia nos manda algo en nombre propio en cuestiones de *disciplina,* debemos también obedecer, salvo excepciones, porque en última instancia también en estos casos habla en nombre de un Ser superior que le da el derecho de legislar. No obstante, podremos adoptar un punto de vista más crítico, podremos ser más libres en el modo de obedecer. Nos encontraremos siempre con lo humano en la Iglesia y este encuentro puede ser a menudo muy doloroso. Pensemos sólo en el caso de un superior eclesiástico inmediato con quien, humanamente hablando, congenio mal, que me presenta una exigencia justificada de la Iglesia. ¡Con cuánta facilidad confundo la Iglesia con su representante y de esta forma la obediencia me resulta un gran sacrificio! Propiamente obedezco a la Iglesia que amo, pero debo hacerlo a través de este hombre concreto. También tendré que comprender que la Iglesia como organización mundial no puede tener en cuenta todos los deseos particulares y el individuo tendrá que someterse en algunas cosas a la comunidad y a sus exigencias.

No debo considerarme el centro y el punto de partida de todo y tendré en cuenta que Roma no sólo debe y puede pensar en mí, en mi país y sus costumbres, sino también en todos los demás pueblos con sus particularidades, por ejemplo en los países y pueblos menos desarrollados, etc. Seamos ante todo generosos y obremos con espíritu amplio en todas aquellas cosas que no son esenciales y en las que la ponderación personal del individuo juega un papel importante. Cuando, por ejemplo, no me gustan la forma exterior de un congreso eucarístico, la pompa y el lujo de un rito romano, la forma de una recepción diplomática en el Vaticano o la conducta de un príncipe de la Iglesia, ¿tengo derecho de convertir mi desagrado personal en una medida objetiva y, basándome en ella, pronunciar un veredicto general? ¿No lo verán de muy distinta manera un italiano, un suizo o un americano? Un príncipe de la Iglesia, o el papa, tiene también su temperamento, sus preferencias personales y no todo lo que él hace puede atribuirse —ni mucho menos— a la Iglesia. «Vista desde el trono, la vida parece otra», y nadie, ni siquiera un cura párroco, y mucho menos un obispo o el papa, podrá atender a todo y obrar según el gusto de todos.

En compensación, tenemos en la Iglesia católica la enorme ventaja de que —a consecuencia del celibato— no existe una transferencia hereditaria de las dignidades eclesiásticas y que nuestra jerarquía ha de renovarse siempre desde abajo, desde el pueblo. Todos han de comenzar siendo simples sacerdotes, y nuestros prelados provienen de las capas y clases sociales más distintas. Pío X era hijo de labradores pobres; el cardenal Faulhaber era hijo de un herrero de pueblo. En general, podemos afirmar con certeza que en el ascenso a dignidades eclesiásticas el talento y la valía personal son un factor esencial.

B. El cristiano adulto y la ley

La libertad verdadera protege también al cristiano de todo el falso espíritu legalista de la justicia farisaica, que toma las diversas proposiciones al pie de la letra y ahoga el espíritu. El cristiano sabe que ni la libertad ni la ley son lo último, lo autónomo, no son una finalidad en sí. La ley es sólo expresión de una realidad superior, y la sujeción a la ley tiene como finalidad la adaptación del hombre y de su conducta a esta realidad. *La ley de la verdad es el dogma, la ley del bien es el mandamiento.* El dogma vincula al individuo a la verdad, el mandamiento al bien y ambos a Dios. O sea: no es la letra, la formulación, el recipiente externo lo más importante, sino el contenido, lo que la letra quiere decir, lo que el recipiente contiene y que llamamos el *espíritu de la ley.* Esto lo ha de ver claro la Iglesia, la autoridad, al exponer y dar a conocer las leyes. Cuando se trate de un dogma o un mandamiento divino, el Espíritu Santo, mediante el don de la infalibilidad, preservará a la Iglesia del error. Será imposible que no coincidan espíritu y letra, contenido y forma, aunque de un mismo contenido pueden darse distintas formulaciones. No obstante, no podemos quedarnos en la superficie. Hay que profundizar, enseñar el valor práctico de los *dogmas* para la vida y comprender su armonía en el plan de la salvación divina. En la predicación y ante todo en la aplicación de la *ley moral* es preciso remontarse siempre a los primeros principios sobre los que descansa cada uno de los preceptos y prohibiciones; partiendo de estos principios, puede apreciarse muchas veces la necesidad de las leyes y los beneficios que acarrean al hombre. Quien logre descubrir en las obligaciones pequeñas y aisladas de cada día la relación profunda, la cohesión esencial, íntima que existe entre las cosas, las condiciones de la vida social, no se apegará fácilmente al caso particular, a la letra. No cumplirá la ley sólo porque es «una maldita obligación y un deber»; ni mucho menos, por la amenaza del castigo o la promesa de la recompensa.

Esta persona captará el espíritu de la ley y la cumplirá ubre y conscientemente, es decir, movido por una clara autodeterminación. No es ya la obra exterior la que importa, sino el espíritu que la informa, la actitud y disposición del ánimo del que la hace. Entonces es el espíritu de Cristo el que anima al hombre y se distingue claramente de la justicia por las obras y por la ley de los últimos tiempos del judaísmo, de que habla la antigua alianza. Aunque la letra sea la misma en el Antiguo Testamento y en el Nuevo, el espíritu, sin embargo, es nuevo, la ley está redimida y llena de gracia.

Será de importancia decisiva encontrar siempre el *fundamento personal,* tanto del dogma como de la ley moral, reconocerlo y llevar este conocimiento a la práctica; saber que la verdad y el bien, el contenido de un dogma y la exigencia de un mandamiento residen, en última instancia, en Dios mismo, tal como se nos reveló en Cristo. La forma objetiva de un dogma y de un mandamiento, expresada por una proposición, a veces muy seca, en el fondo es siempre una construcción auxiliar que tendría que llevar al encuentro personal. El camino va desde la actitud de tener por verdadera una frase y la obediencia a un mandato, a la entrega amorosa de la propia persona a la persona de Dios; el creer en algo se transforma en creer en alguien, que es lo que corresponde a lo que la Biblia llama fe.

«Por esta razón todo el esfuerzo que ha realizado el magisterio de la Iglesia para dar una interpretación ideológica y verbal de la doctrina en fórmulas y definiciones cada vez más perfectas, será siempre sólo un medio para plasmar con más claridad y riqueza la figura de Dios, revelada en Cristo, y hacerle resplandecer más profundamente en los corazones. Cada uno de los artículos de fe en su forma conceptual y verbal, tal como los presenta la Iglesia, son caminos por los que la fe puede llegar a la persona de Cristo y por Él al Dios personal uno y trino» (H. U. von Balthasar). La revelación bíblica es siempre el punto de partida y la medida, pero tiene su expresión dogmática formulada por la Iglesia en el artículo de fe. Por tanto, el creyente no cree en realidad en artículos de fe, sino en lo que expresan, en la esencia del Dios vivo en Jesucristo. De la misma forma, puede decirse que el cristiano, en el fondo, no se limita a cumplir mandamientos y preceptos, sino que tiende a lo que estos mandamientos pretenden, a la imitación de Cristo, la santidad de la vida en la Iglesia. El magisterio eclesiástico es siempre servicio y, por lo tanto, lleva hacia el Señor de la Iglesia, hacia Cristo. «El magisterio es un medio, la vida de la Iglesia es finalidad» (H. U. von Balthasar).

Por tanto, así como el acto de fe se dirige exclusivamente a Dios, del mismo modo la obediencia que se presta a la Iglesia es en el fondo obediencia a Dios. Si en el dogma y en la ley moral es importante el espíritu, tanto más lo es en la mera *ley eclesiástica.* El dogma y la ley moral, por su origen divino, tienen en sí una dignidad y perfección de que carece la ley eclesiástica, que es obra de hombres. Por tanto, es aún mucho más necesario que el espíritu reine sobre la letra. Y lo es tanto más cuanto que la Iglesia en este campo sólo juzga el cumplimiento *exterior* de la ley; la actitud interior, en cambio, sólo la considera y debe considerarla en una medida limitada. Aquí empieza realmente la libertad porque el hombre es libre de cumplir los mandamientos con el verdadero espíritu, noblemente. El precepto de la abstinencia, por ejemplo, obliga sencillamente a no tomar carne los viernes. Al guardar este precepto' cumplo con mi obligación. La manera con que lo cumplo, con gusto o sin él, no cae inmediatamente bajo la ley eclesiástica. Aquí interviene la libertad del cristiano, que debe crear el espíritu verdadero, la postura ideal. Lo mismo cabe decir de los preceptos de superiores eclesiásticos siempre que sean de índole puramente humana.

El superior puede contentarse sólo con el cumplimiento exterior del precepto, pero este cumplimiento puede carecer de valor ante Dios. Sólo el cumplimiento libre, amoroso, la obediencia interior, dan al acto valor y grandeza. Un amplio campo de acción se abre ante la libertad, y toda persona que no sepa usar de ella en el cumplimiento de estos preceptos de la Iglesia y de los mandatos de los superiores se convierte en un cristiano legalista y, con el tiempo, en un fariseo. Una parte considerable de la verdadera obediencia es sólo cuestión de libertad. Por tanto, la personalidad del individuo tiene un papel decisivo y cierto derecho, incluso en la Iglesia.

Con esto llegamos a una última y decisiva *afirmación:* en todo hombre hay una zona de intimidad personal elevada por la gracia y, por lo tanto, una esfera totalmente privada en la que la Iglesia no interviene de un modo directo. Hay una zona en el hombre en la que él se encuentra inmediatamente con su Dios y en ella se dan hechos y vivencias que ninguna ley ni ningún precepto puede abarcar. No significa esto que en dicho plano reine la arbitrariedad; ni mucho menos; pertenece a la Iglesia, pero el orden social de la Iglesia no interviene directamente en ella. Así, por ejemplo, la Iglesia nunca se ha atribuido el derecho de juzgar definitivamente, ante Dios, la moralidad última de una persona. Dios puede inspirar y llamar al hombre sin la intervención de la Iglesia. La Iglesia no regula inmediatamente la religiosidad privada del individuo. Así, por ejemplo, la manera de pensar del cristiano, sus lecturas y oraciones, la forma que escoge de vivir su religión, el camino que sigue para alcanzar la perfección cristiana, todo esto, y otras muchas cosas, se deja a su libre elección. Por consiguiente, podemos afirmar que la Iglesia respeta plenamente la personalidad del hombre. Cada uno de nosotros tiene el derecho y la obligación de tomar determinaciones en las que la Iglesia no interviene directamente. Considerando a los santos nos damos cuenta de todas las posibilidades que tiene el individuo de desarrollar libremente su personalidad y de tener iniciativas propias, dentro de la Iglesia. Contra lo que afirma Dostoyevski en la leyenda del Gran Inquisidor, la Iglesia no debe y no quiere quitar a las personas el peso y la tarea de tener que tomar determinaciones personales.

El individuo no tiene el derecho de refugiarse siempre detrás de los preceptos de Iglesia. No le basta acatar las leyes promulgadas por la Iglesia, sino que debe preguntarse: «Señor, ¿qué quieres que haga?» La Iglesia no quiere hombres-masa, y nadie puede abusar del cuerpo místico, de la comunidad eclesial y litúrgica, para huir de sí mismo. Esto sería colectivismo. No quita a nadie el peso de la libertad, de la iniciativa y de la decisión; sólo da el marco, las normas y leyes generales de la verdad y del bien, que obligan siempre y en todo lugar y contra las cuales no hay apelación posible. Ahora bien, dentro de este marco objetivo hay un amplio y fecundo campo de libertad subjetiva y personal, de iniciativa propia, de misiones y tareas individuales. Unido a las verdades supremas y a los órdenes más profundos, unido a Dios, el cristiano adulto evoluciona en la Iglesia, en la cual obra el amor que libera, y llega a adquirir una personalidad verdaderamente libre e individual. El cristiano auténtico está situado entre la ley y la libertad, en una tensión fecunda de obligación y liberación avanzando hacia la última meta y la suprema libertad en Dios.

LEY Y LIBERTAD,
de JOSEF BOMMER, se imprimió
en la República Argentina en enero de 2022.

www.ingramcontent.com/pod-product-compliance
Lightning Source LLC
LaVergne TN
LVHW082240051026
849532LV00012B/4070
* 9 7 8 9 5 6 4 0 7 1 1 8 3 *